靖国神社とは何だったのか

堀　雅昭 著

宗教問題

はじめに

靖国神社が長州由来といわれる理由は、明治維新の産物だからである。このため皮肉を込めて「長州神社」とも揶揄《やゆ》されてきた。

維新の最初の震源地は山口県の萩であり、扇動者は長州藩士の吉田松陰であった。しかし松陰が靖国神社に祀《まつ》られたのは、はるか後の明治21年5月である。維新後の国民の前にヒーローとして登場するのは、さらに5年後の明治26年末、徳富蘇峰が『吉田松陰』を出したときであった。

後にマルクス経済学者となる河上肇がこの本と出会ったのは、山口高等中学校に入学したときで、「非常な感激を以て読んだ」と『自叙伝』で回想している。以後、河上は萩の松陰神社に何度も出かけ、松陰の筆跡を印刷した書を何枚も買って寄宿舎の壁に貼るほど松陰ファンになる。理由は、「電火的革命家」が主宰する松下村塾が「徳川政府顛覆《てんぷく》の卵を孵化《ふか》したる保育場」であったからだ。松陰は左翼からも人気があった。

ところで松陰は、東京伝馬町の獄舎で処刑される前年の安政5年（1858）9月に『西洋歩兵論』を書いていた。「兵は正を以て合ひ、奇を以て勝つ」という孫子の言葉を紹介し、旧来の和流兵学の常識を超えて、「足軽以下農兵に至るまで」を集めた「西洋歩兵」の必要性を説いたのだ。それはフランス革命期のナポレオン軍に似た民兵である。松陰の時代の先取りが維新革命の原動力になったことは、門下生の久坂玄瑞が外国船攻撃で文久3年（1863）5月に身分を超えた光明寺党を下関で立ち上げ、翌6月に高杉晋作が同様の奇兵隊を結成したことで証明される。松陰由来の「西洋歩兵」が徳川幕府を転覆させて、明治という新時代を用意したからだ。

この「西洋歩兵」は、神社界にも影響を及ぼした。

文明開化のシンボルとして明治2年に東京九段に登場した靖国神社は、最初は東京招魂社という名であった。しかし、さかのぼれば幕末長州の招魂祭（招魂社）に起源を持つ。それこそが徳川幕府と干戈《かんか》を交えた長州藩の「西洋歩兵」の戦死者たちを祀る祭事であり、彼らを神に仕立てる慰霊装置であったのだ。本書の主題のひとつが、こうした招魂祭を長州藩で主導した青山清《あおやまきよし》が、後に靖国神社の初代宮司になった流れを追うことにある。

青山清はたまたま筆者の祖母・野村ヒサの祖父で、藩政期は萩の椿八幡宮の大宮司家・第9代として青山上総介《かずさのすけ》を名乗っていた神官であった。清の名は、明治4年の廃藩置県から後なので、本書でもそれまでを青山上総介、それ以後を青山清と区別して表記した。

一方で地元でもほとんど知られてないが、青山は幕末の弘化3年（1846）に藩主・毛利家の氏神「平野大明神」を復活させ、境内に平野神社を再興する計画を立ち上げていた。「平野大明神」にこだわった理由は、毛利家の祖先が平城《へいぜい》天皇の皇子・阿保《あぼ》親王であったからだろう。「一品《いっぽん》」の位にあった阿保親王の落胤《らくいん》の大江音人《おおえのおとんど》が毛利家となり、「一に三つ星」の毛利家家紋も「一品」をデザインしたものであった。実にこの大江氏時代の氏神が平野神で、京都市北区に鎮座する平野神社に祀られる今木《いまき》神、久度《くど》神、古開《ふるあき》神、比咩《ひめ》神の四柱の総称である。

時代が下って関ヶ原で徳川家に敗れた毛利家は、移封先の長州・萩の地に鎮座する椿八幡宮に祖先神である「平野大明神」を祀らせるため、随行の青山元親（青山左近大夫）を大宮司にすえた。それが藩政期における萩の椿八幡宮の青山大宮司家の始まりであり、青山上総介は、そこから数えて9代目の子孫だった。

その意味では幕末の平野神社再興プランは、関ヶ原敗戦体制のリセットの意味があった。その延長線上に徳川幕府と戦って死んだ家臣たちを招魂祭で祀り、結果として多くの招魂社が長州藩内に誕生した史実を知るとき、明治になって出現した靖国神社の本質が見えてくる。

本書は季刊雑誌『宗教問題』（合同会社宗教問題刊）編集部の求めに応じて、平成27年の夏号から令和2年の春号までの5年間、20回連載した「維新の長州精神史」を元にしている。これに新たな資料を加えて改稿したもので、結論からいえば靖国神社側がこれまで公表してこなかった創建秘史である。

付言すれば、雑誌連載中に靖国神社で2人の宮司が連続して辞任した事件があったが、いずれも因縁めいた出来事であった。

最初の騒動は第11代の徳川康久宮司が、徳川幕府最後の将軍・徳川慶喜の曽孫という立場から明治維新を総括して問題となり、平成30年2月に辞任した事件だった。2回目は同年3月に就任した小堀邦夫宮司が一度も靖国神社に親拝されない天皇（現・上皇）に対して、「陛下は靖国神社を潰そうとしてるんだよ」との不敬発言をして10月に辞任した出来事だ。このため11月に山口建史氏が第13代宮司に就任したが、年が明けて創建150年を迎えた令和元年7月に、祭儀課長のセクハラ疑惑が『週刊新潮』で報じられるなど、前代未聞のゴタゴタが続いた。本書の最後に「2人の宮司はなぜ靖国を去ったのか」という付録の章を設けたのは、こうした時事問題に触れるためである。

なお、「靖国神社とは何だったのか」というタイトルは、連載の終わりが見えてきたころに『宗教問題』編集部と書籍化の打ち合わせを行っていた際、小川寛大編集長の口から飛び出した言葉である。「『何だったのか』と、過去形でしょうね」と言われたのが今でも耳に残っている。靖国神社はすでに過去の遺産なのか、それとも新しい靖国神社がここから生まれるのか。忘れられた近代史から一人ひとりが答えを見つけていただきたい。

目次

第3章　賊軍と官軍……137

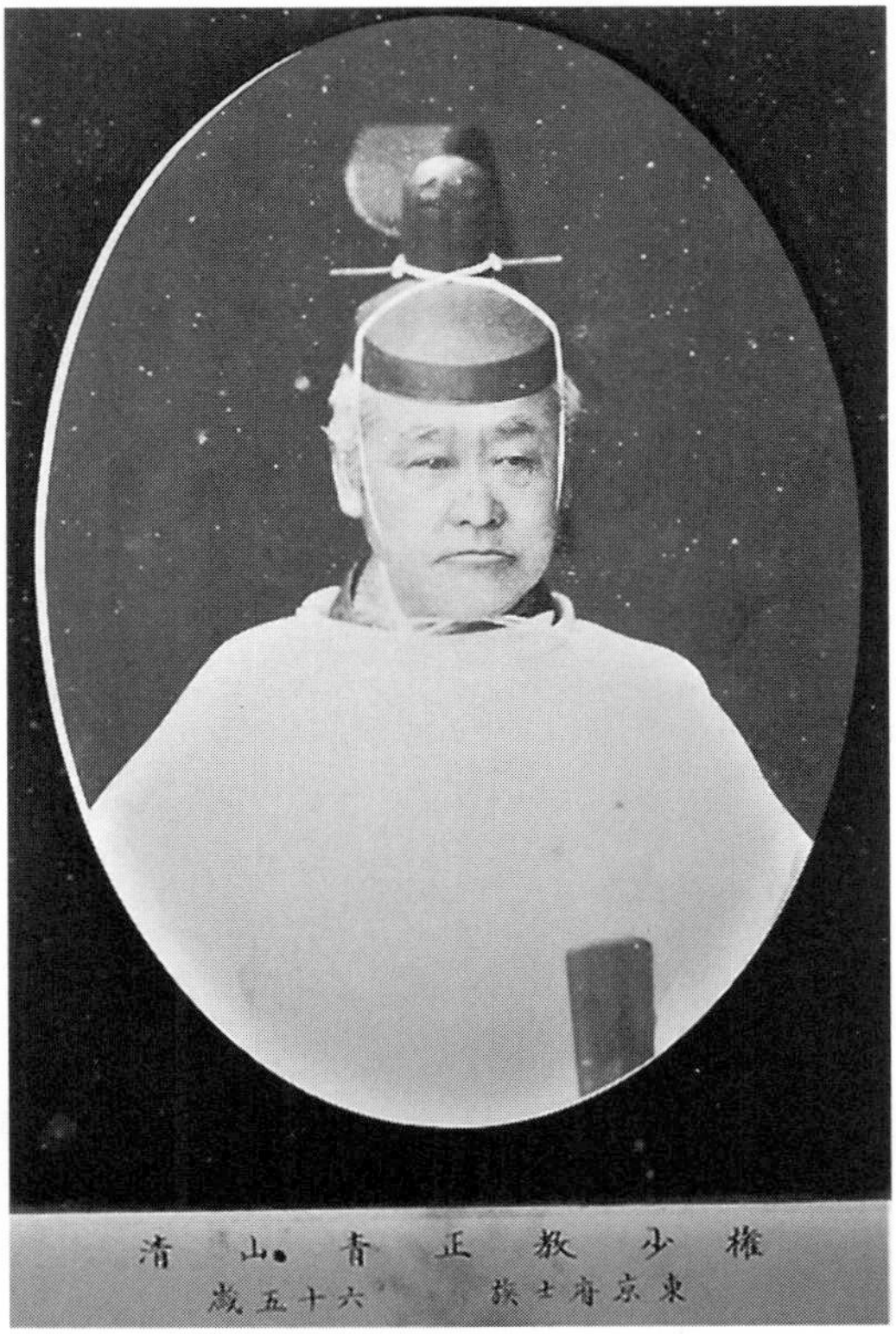

靖国神社初代宮司・青山清

文化12年（1815）～明治24年（1891）
（宮内庁三の丸尚蔵館蔵）

凡例

・正式には藩主のいる場所（地名）を冠して萩藩、幕末には藩主が山口に移ったことで山口藩と呼ぶ。一方で両方を総称した俗称として長州藩の呼称が定着しており、本稿では煩雑さを避けるため、長州藩を多用した。
・本書の主題となる靖国神社初代宮司の青山清は、明治４年の廃藩置県時までは青山上総介を名乗り、それ以後は青山清を名乗った。本書の表記も、こうした時代区分に対応した。
・長州藩に関わる事業のなかで使用する「秘密」および「秘密裏」の言葉は、徳川家または徳川幕府に対して「秘密」という意味である。
・古文書などからの引用文につけたルビは著者の指定による。

第1章　靖国の原像

靖国神社神門

2つの神社

明治維新の震源地は本州西端に位置する山口県であった。

昔の言葉でいえば長州であり、さらに詳しく述べれば、北部の日本海に面する北浦海岸のほぼ中央のデルタ地帯。東の松本川と西の橋本川に挟まれた三角州上の城下町・萩である。

標高373メートルの田床山《たどこ》からながめると、その風景が一望できる。正面に見える日本海側に突き出た指月山《しづき》の麓に、萩城の築城が始まったのが慶長9年（1604）で、その時から明治維新は始まっていた。

毛利家が本州西部の辺境地に封じられたのは、関ヶ原の戦いで徳川家に敗れたからだ。中国8カ国（安芸、周防、長門、石見、出雲、備後、隠岐、〔伯耆・備中〕）から防長2州に減封され、石高は112万石から4分の1の29万8000余石（慶長18年に幕府が公式に認めた長州藩の石高は37万石弱）にまでリストラされた。そのうえで日本海に面する寒村の萩に、城を造ることを許されたのだ。

毛利家は萩に藩庁を置いて藩主に座り、春日神社、椿八幡宮、宮崎八幡宮、伊予八幡宮の4社をゆかりの神社とした（山口県文書館蔵『四社略系　全』）。中でも萩城の南東に鎮座する春日神社と、さらに橋本川を越えて南に位置する椿八幡宮（茶臼山の北東山麓に鎮座）は、特に関係が強かった。「春日・椿の両大宮司家は、由緒が正しく、家格が高いため、大組の家との縁組が許されてきた」と『萩市史　第一巻』（「八代治親の治世」）がわざわざ記すのも、こうした背景によるものだろう。

2つの神社は、長州入りした毛利家が祖先神を祀った神社である。このため椿八幡宮では青山元親（左近）が、そしてもうひとつの春日神社では小南宮内《こみなみくない》（元重）が安芸国《あき》から毛利輝元に随行して長州に入り、それぞれの神社の大宮司となったのである。

明治3年に山口藩が新政府に提出した『旧藩別神社明細帳』の「長門国阿武郡」の中で春日神社と椿八幡宮だけ「別段崇敬之社」と記されているのも、こうした関係からであろう。しかもこの2つの神社が、幕末に明治維新の原動力にもなるのだ。

まずは、椿八幡宮の青山元親から見ておこう。青山家は関ヶ原の敗戦まで、現在の広島市内から30キロほど北西の高田郡土師村《はじ》（現在の広島県安芸高田市八千代町土師）で、土師八幡宮と高杉神社の社家（神主家）だった。青山家の旧宅は土師ダムの底に沈んだが、土師八幡宮のほうは円通山神社と名を変えてダム湖畔に残り、高杉神社も建て替えられてその境内に遷座している（『靖国の源流　初代宮司・青山清の軌跡』および『靖国誕生　幕末動乱から生まれた招魂社』）。

そんな青山元親が関ヶ原の敗戦時に毛利輝元から命じられたのが、鎌倉時代から毛利家が氏神として祀っていた平野大明神を萩の椿八幡宮で祀ることであった。前掲『萩市史　第一巻』が「萩四社大宮司職家柄之事」の椿八幡宮の説明で掲載した、以下の文章がそれを示していた。

大宮司青山家之儀は、江家《ごうけ》御氏神平野大明神、於御当家　鎌倉已来《このかた》御崇敬有て青山家え預られ、青山元祖芸州より御當地え供奉《ぐぶ》し、当社大宮司となし給由《たまいしよし》江家は大江家の略で、毛利家のルーツである。『萩古実未定之覚　全』に、「平野大明神　江家御氏神也　鎌倉巳来御当家御守護　御当地供奉」と見えるので、鎌倉期以来の毛利家の氏神が平野大明神であったことは間違いない。山口県文書館蔵の「椿社記幷御判物写」によれば、「椿神主」だった「伊桑神祇権少輔」が「市之助」を名乗っていた幼少時代に、安芸国から来た青山元親が「伊桑神祇権少輔」の「養父」に命じられて「神主職」になったとしている。前掲『萩古実未定之覚　全』はもう少し詳しく、「椿八幡宮」の箇所に伊桑家から青山家に大宮司家が交代した詳細が見える。読み下せば、「神職は伊桑、田村と申す者が社人として守り下り、神職を相勤のよし。伊桑は先年大炊《おおい》と申者の後家で断絶した。田村も幼少にて青山と申す者が神職を相勤む。只今の青山が家なり。田村は其の後に盛長（成長）候へ共、神職に戻り申さず。祠官にて罷《まか》り在り候」である。

いずれにせよ関ヶ原の敗戦後に毛利家の氏神・平野大明神を祀る目的で、伊桑家に代わって椿八幡宮の青山大宮司家が生まれたわけである。

こうして椿八幡宮境内の稲荷社に平野大明神が祀られたが、「祭祀ハ寛永ノ比《コロ》ヨリ懈怠《カイタイ》ス」（※1）ということで、江戸時代が始まって間もなく平野大明神は衰退した。遠く九州では、寛永14年（1637）から翌年にかけてキリシタンたちの島原の乱が起きたが、萩の椿八幡宮の平野大明神も、同じころに祭祀が途絶えたことになろう。ところが幕末に、平野大明神の復興計画が進むのだ。

国学者であった近藤芳樹《こんどうよしき》の弘化3年（1846）5月5日の日記に、「平野神社再興の演説書、青山上総介がたのみにてかきつ」（『内海文化研究紀要　第四〇号』所収）と記していたのがそれである。忘れられた毛利の氏神・平野大明神を第9代宮司の青山上総介が本来の姿に戻そうと努力していたのだ。その延長線上に青山は幕末の長州藩で招魂祭をリードし、維新後に靖国神社初代宮司になるのである。

続いて、もうひとつの毛利家ゆかりの春日神社の系譜を見ておこう。そこの大宮司家となる小南宮内も、そもそもは青山のいた土師村からさほど遠くない高田郡麻原《おはら》庄内の山中、下小原（現・広島県安芸高田市甲田町下小原）の中山城跡に鎮座する大宮神社の神主であった。大永2年（1522）に毛利元就が鎌倉の鶴岡八幡宮の分霊を勧請して祈願所にし、現在は中山神社と呼ばれている古社である（『甲田町誌』）。小南宮内もまた関ヶ原の敗北で萩に入り、大宮神社に祀られていた毛利元就の神霊を春日神社に改めて祀り（※2）、自らは出身地名に由来する中麻原《なかおばら》を名乗ったり、波多野姓を名乗ったりした。

こうして毛利輝元は青山元親と小南宮内の二人の大宮司に「地鎮祭」をさせて、萩城の築城に取りかかるのである（※3）。

それから260年を経て勃発した明治維新は、毛利家にとっては名誉回復の戦いであった。むろん唐突な出来事ではなく、7代藩主の毛利重就《しげたか》の時代に石高の回復から着手されていた。

毛利重就は身分にとらわれない人材登用を行い、港の開発による商品輸送の活性化や埋め立てによる新田や塩田の開発、さらには殖産興業を推進する撫育《ぶいく》制度を創設していたのである。今でいうベンチャー主義を貫徹するために、宝暦9年（1759）に萩城内の洞春寺《とうしゅんじ》で藩祖・元就の霊位を拝して願文を収め（『萩藩の財政と撫育制度』）、3年後の宝暦12年（1762）9月10日に春日神社に祀られていた毛利元就の神霊を萩城内に遷している（『もりのしげり』）。こうして萩城に祖霊社《それいしゃ》が完成し、さらに1年が過ぎた宝暦13年（1763）に、撫育方が開設されたのである。

撫育制度によって生みだされた膨大な資金が、幕府には秘密で長州藩内に蓄えられ、幕末期の討幕資金となるのであり、あわせて春日神社から萩城内に移された毛利元就の神霊の軌跡を追うことで、長州藩の神道と討幕運動の関係が浮かび上がる。

例えば萩城内の祖霊社（元就の神霊）に仰徳《こうとく》大明神の神号が与えられて仰徳神社となるのが、撫育方の設置から7年が過ぎた明和7年（1770）であった。「大明神」の神号は吉田神道によるもので、萩城跡の片隅のやぶに建つ「重建大祖神廟記《じゅうけんたいそしんびょうき》」と刻まれた石碑が、そのメモリアルだった（『萩碑文鐘銘集』及び『萩城跡探訪のしおり』）。

また、同じく明和7年6月に仰徳神社で開催された洞春公（元就のこと）二百年祭で、毛利重就が「神霊ヲ軽スルハ亡家《ボウカ》ノ基ナリ」と語り、「撫育ノ事ハ若《モ》シ洞春公ノ加護ニ因リ以テ其功ヲ大成スル」（『毛利十一代史　第七冊』）と明言した。このとき「天樹」こと毛利輝元と、「大照」

こと輝元の子で初代藩主・毛利秀就の神霊が、あらためて仰徳神社に合祀されたのである。

　毛利元就、輝元、秀就の三霊を祀る仰徳神社が推し進めたのは撫育事業だけではない。幕末においては討幕にむけた家臣団の結束力を高める役目を担う。まずは嘉永6年（1853）6月14日に萩城内の洞春寺で毛利家のために戦死した家臣を仏式で弔い、続いて9月27日に仰徳神社の三霊に、新たに毛利隆元を加えて四霊とした（『もりのしげり』）。祭神を増やしてバージョンアップした仰徳神社は、幕末に藩都が山口に移るに際して藩主とともに移動をはじめる。元就を柱とする祭神は、文久3年（1863）6月6日に椿八幡宮に仮遷座され（※4）、慶応元年（1865）9月29日に山口の多賀神社の遥拝所に遷された（『もりのしげり』）。

　この間のこととして、幕府軍との戦いである四境戦争の直前（慶応元年2月）に、藩主・毛

萩城跡の「重建大祖神廟記」の石碑

利敬親と世子・毛利元徳が萩城内の仰徳神社で臨時大祭を行い、戦意高揚の神事を行っていた（※5）。現在、元就の神霊は山口市の豊栄《とよさか》神社に祀られているが、これは明治4年に新たに社殿を建てて、最終的に遷座した場所である。

こうした神道界の流れを鳥瞰《ちょうかん》するとき、毛利家にとっての維新革命が関ヶ原後の敗戦体制からの脱却であり、あたかも第1次世界大戦後のヒトラーが、フォルクス・ゲマインシャフト（民族共同体）の再現をドイツで試みたのと同じ行動をしていた様子が分かる。それは仰徳神社の創建により毛利家一門の共同体意識を再構築し、近代主義の萌芽たる撫育事業を成功に導く流れに沿う形で、文久3年（1863）3月7日に藩校・明倫館に復古局を開設したことにも現れた。その目的を『もりのしげり』が、「洞春公吉田勃興ノ古《イニシエ》ニ復セントスル」と語るように、戦乱の世に盛隆を極めた郡山城時代の毛利元就の思想を復元し、その遺徳を顕彰することであった。そんなフォルクス・ゲマインシャフト装置としての復古局が、維新後に輪郭を現わす国家神道の導火線にもなるのである。実際、幕藩体制と対峙し、犠牲となった家臣たちを公平に神として祀る招魂祭も、復古局にいた青山上総介たちが準備していた。復古局は後に編輯局《へんしゅうきょく》と名を変える。

顧みれば、国政復古用掛として蘭学者の田上宇平太（高杉晋作の叔父）ら6人が任命されたのが文久3年3月9日であった（※6）。彼らはこれまでの萩城とは別に、秘密裏に山口城の造営計画を進め、藩校として付設される山口明倫館の新設も手がける。そして同年11月に山口講習堂が山口明倫館としてリニューアルされると、あらためて編輯局が設置され、青山ら国学者たちが復古方メンバーとして送り込まれるのである。
そのことを『山口県文化史（通史篇）』は次のように説明している。

編輯局もまた萩・山口の二カ所に設けられ、それぞれ文学寮に付属した。山口の編輯局は文久3年7月、講習堂の構内に復古方と称する一局を設け、中村百合蔵・安部卯吉・斎藤弥九郎・青山上総・佐甲但馬らの国学者に命じて、大内氏時代の古事典故や古人の遺旨、あるいは古城址などのうち、当今の政治や戦略上の参考になるものを集輯させたのがその起源である。

これより前に青山が萩の明倫館の編輯局にいたことは、高杉晋作の文久元年（1861）4月12日の『暬御日誌』の以下の記述からわかる。

明倫館中で稽古、内藤十本ばかり。編輯局で『国基』を借りて帰る。『国基』は青山氏所持の本である。昼寝をし、夜は二十葉ほど習字の稽古。『国基』十一葉読む。

（『高杉晋作の「革命日記」』）

高杉が青山から借りた『国基』とは、学習院創設者であった紀維貞《きのこれさだ》が天保6年（1835）に中国の国体、国風の違いを解説した書である。それがよほど気に入ったのか、高杉は翌日（4月

13日）、野村和作（野村靖）の家を訪ねて書き写しを頼んでいた。

ともあれ萩から山口への藩庁移転に合わせて、山口に新設された山口明倫館の編輯局（※7）に入った青山たちは、維新革命に向けて毛利家一門の精神作興事業に全身全霊で取り組んでいくことになる。その拠点となった編輯局は、現在の山口県立美術館の一帯にあった。

元治元年（1864）2月、それまで儒教主義だった萩明倫館と山口明倫館の教育を神道式に改めたのも編輯局の仕事である。また、慶応元年（1865）3月には、毛利家の四祖先神である天穂日命《あめのほひのみこと》、大江音人、大江維時《おおえのこれとき》、大江匡房《おおえのまさふさ》を山口の多賀神社の遥拝所にも祀る。長州藩のフォルクス・ゲマインシャフトの構築こそが、明治維新後の国家神道の地下水脈であった。

クリスチャンで生涯を終えた筆者の曾祖母・野村ヒサの祖父が、椿八幡宮の第9代宮司の青山上総介であったことは、はたから見れば奇異に見えるだろう。しかし明治維新という革命に身を投じた子孫なら、さほどの不思議もあるまい。

筆者の手元に残されているヒサの戸籍には、父・岩崎信一、母・ツルの「弐女」として明治15年2月20日に生まれたとある。一方でヒサの母・ツルについては、戸籍に父・青山一介の「長女」として弘化4年（1847）5月15日に生まれたとある。この青山一介が青山清（上総介）であったことは、『旧諸隊戦功賞典原簿』（山口県文書館蔵）の「旧鋭武隊士官其他戦功賞典表」の「青山上総」の名の上に「一介ト改ム」と朱書きされていることでわかる。ただ親戚の間では、「ヒサのおじいさんが伊藤博文に呼ばれて上京して東京招魂社に奉職した」といった程度の話しか伝わっていない。
ちなみに萩博物館の「萩の人物コーナー」のパネルに、文化12年（1851）5月に生まれ、明治24年2月、靖国神社奉職中に77歳で亡くなった青山清の肖像写真が飾られているが、そのキャプションも筆者が書いた略歴が元になっている。

奇兵隊とかかわり、桜山招魂社で最初の招魂祭を斎行。錦《にしき》の御旗《みはた》に祝詞を上げた。東京招魂社の祭事掛をつとめ、明治天皇の初めての御親拝に奉仕。東京招魂社が靖国神社になると、初代宮司に就任。

実は、この解説を書いた後で新たな資料が見つかり、必ずしも下関の桜山招魂社の招魂祭が「最初」ではなくなった。そのことも本書で明かすつもりだ。
ともあれ青山上総介は毛利家ゆかりの椿八幡宮の宮司として幕末に人を神として祀る招魂祭を主導し、維新後は藩校・山口明倫館時代の同僚だった大村益次郎が明治2年6月に東京九段に創建した東京招魂社の祭事掛となるのである。靖国神社に残る「明治四年八月二十二日補兵部省十一等出仕招魂社祭事掛」（※8）という記録が、その時期を示していた。そして明治12年6月に靖国神社と改称されると、そのまま初代宮司にスライドしたのだ。

維新招魂社の出現

宇部護国神社といっても山口県以外の人にはピンとこないだろう。筆者が住む宇部市の小さな社だが、日本で最も古い部類に属す招魂社といえば、多くの人は驚くに違いない。まして靖国神社の源流の一つといえば、なおさらだろう。

宇部護国神社の主祭神は毛利家永代家老の福原越後《ふくばらえちご》である。幕末に徳川幕府に反旗を翻した禁門の変を主導したが、失敗して自刃した宇部の領主である。ところが半年後の慶応元年（１８６５）5月16日に、福原の神霊が近くの琴崎八幡宮に合祀され、神として祀られたのだ。

宇部市立図書館に所蔵される『維新招魂社縁起《いしんしょうこんしゃえんぎ》』（「維新招魂社年代沿革記」）にそのときの記録が確認できる。

慶應元年乙丑《ケイオウガンネンイッチュウ》五月十六日爰《ココ》ニ初メテ神霊ヲ仮リニ琴崎神社エ勧請シ椿郷神社ノ祀官《シカン》青山下《シモ》総《ウサ》ヲ招聘《ショウヘイ》シ祭典ノ礼ヲ行フ祭主ハ嗣子《シシ》福原五郎《フクバラゴロウ》也

ここに登場する「福原五郎」は刑死した福原越後の嗣子で、最後の宇部領主となった福原芳山《よしやま》のことである。招魂祭を手がけた「椿郷神社ノ祀官青山下総」は萩の椿八幡宮宮司の青山上総介で、後に靖国神社の初代宮司となる青山清である。「下総」の偽名を使ったのは福原がいまだ国賊で、神として祀ることが非合法活動の最たるものだったからだ。毛利家の神官として国賊を神

招魂碑が並ぶ宇部護国神社境内の旧招魂社殿跡

として祀る行為が表面化すれば、徳川幕府から藩主の毛利家にまで害がおよぶ。高杉晋作が谷梅之助、周布政之助が麻田公輔などの変名を用いて維新革命に向かい合ったのと同じ感覚であった。国賊となった福原越後の招魂祭が琴崎八幡宮で行われたことは、『宇部村誌』にも見えるし、『靖国神社百年史　資料篇　下』の宇部護国神社の箇所にも、「旧名維新招魂社・厚狭中宇部招魂社。慶応元年五月十六日、福原五郎が創立し、禁門の変の殉難者二一名を祀った」と見える。さらに言えば『益田親施年譜　国司親相家譜抜書　福原越後履歴書』（山口県文書館所蔵）の「福原越後大江元僩履歴書」にも、「同二年乙丑五月十六日　その霊崇《れいすう》じて神と為《な》す　鏡剣幣帛《きょうけんれいはく》を以て祀り　爾来例祭《じらいれいさい》　八月念八《ねんぱち》を以て祭日と為す　公誕辰《たんしん》ナリ」（原文は漢文）と書いてある。

ここでいう「同二年」は元治2年、すなわち慶応元年のことであった。鏡と剣と幣帛で（琴崎八幡宮において）招魂祭を行い「神と為」したことで、以後、福原越後の誕生日「八月念八」こと8月28日を（宇部護国神社の）例祭日にしたのだ。その8月28日の例祭日が、明治6年以後は9月28日に変わったのは、新暦採用により暦が1カ月後ろにずれ込んだからだった。

宇部は幕末の「維新」の言葉の発祥地でもあった。吉田松陰由来の「西洋歩兵」が詰める山口城に付属する新たな藩校・山口明倫館とつながる福原家の宇部の学問所として元治元年（1864）4月に創設された「維新館」がそれを示していた。福原家臣の家に明治2年に生まれた紀藤閑之介は、「維新館で思い出したが、この維新という字は或いはここが初めて用いたのではないか」（『米寿　紀藤閑之介翁』）と語っている。

毛利敬親と元徳父子が萩城内の仰徳神社での臨時大祭で「維新の政を敷き……」という誓いを奉じたのは、宇部の「維新館」創設から1年を迎えようとした慶応元年2月であった。

宇部で発露した「維新」の精神も、藩庁を萩から山口に移す文久3年（1863）4月に淵源があった。いま、山口県庁前に堀や大砲土台などの遺構が残されているのが山口城の残影であるが、実に徳川幕府転覆をもくろむ思想を内包した築城の工事総責任者（普請総奉行）が藩の永代家老・福原越後だったのも妙な符合である。このため福原は宇部にたびたび訪ね来るようになり、采地（領地、知行地）の福原邸近く（宇部市中尾1丁目）に維新館を建てたのだ。いまそこに鎮座する「維新館址」の石碑が、当時を伝える記念碑となっている。

よく知られるように「維新」の語源は中国の『詩経』「巻六」の「周旧邦《しゅうきゅうほう》と雖《いえど》も、其《そ》の命《めい》維《こ》れ新《あら》たなり」である。面白いことに「維新館印」が押された『詩経』が宇部に残されているので、この『詩経』が維新館のテキスト使われていたのである。

いずれにせよ国家改造を意味する「維新」の言葉を冠した革命学校を、宇部では領主自らが建設し、しかも七卿落ち（※9）の最年少の公卿・錦小路頼徳《にしきこうじよりのり》が書いた「維新館」の扁額を掲げていた（山口県文書館蔵・明治44年筆記『郷土誌』）のだから尋常ではない。おそらく錦小路は、維新館ができる前年の文久3年11月に宇部入りした際に、その字を書いたのである。そして山口明倫館と同様、宇部の維新館もまた伝統を破る学問体系に変更された。それは幕府を支えた儒教と仏教主義の儒仏体制を超克する、国学と洋学を主軸にした討幕の学問であった。

福原越後はこうした維新館で手早く訓練した「西洋歩兵」を率いて禁門の変に突入したが、装備も未熟で、洋式銃（ライフル銃）も十分ではなかったことで、京都御所から孝明天皇を山口城に連れて来る計画（※10）は頓挫した。そして幕府軍の反撃により、元治元年11月に自刃に追い込まれたのである。むろん同じく京都進撃を主導した家老の益田親施《ちかのぶ》と国司信濃《くにししなの》も11月に自刃に追い込まれ、三家老の全員が国賊となったのが禁門の変の顛末だった。

ところが賊となった3人は、不思議なことに慶応元年（元治2年）に入ると次々と長州藩内で神として祀られるのである。それは年明け早々に大田・絵堂の戦いが始まり、高杉晋作率いる維新討幕派が守旧派を打ち破るタイミングと重なっていた。

奇しくもこの内訌《ないこう》戦（藩の内戦）で巻き返しに出た守旧派が、世子の毛利元徳を担ぎ出すことに備えて、早くも討幕派（維新革命派）の山県有朋は毛利元就の霊牌を入れる輿《こし》を造り、「洞春公神霊」と書いた旗を用意していたという（『公爵山県有朋伝　上』）。討幕戦に神霊が登場する最初であり、あたかもこうした流れが拡大するように、自刃した討幕派の3人の家老を神として祀る神格化が次の順で進んでいくのである。

①慶応元年2月8日　益田親施（右衛門介、笠松神社創祀）萩市須佐《すさ》

②同年5月16日　福原越後（琴崎八幡宮合祀＝宇部護国神社創祀）宇部市

③同年6月15日　国司信濃（美登里《みどり》神社創祀）宇部市万倉《まぐら》

まず①は萩市須佐の笠松神社の拝殿前の石鳥居に「元治三年」の年号が確認できる。実際は慶応2年であるが、「徳川慶喜に応じる」という意味にとれる「慶応」を使いたくない長州藩独特の表記であった。一方で笠松神社の創祀は、「慶応元乙丑二月八日　神祭号　高正大明神　毎年九月二日ヲ以テ祭日トス　同年八月六日　土居山ヲ切開キ一社造営ス」（須佐郷土史研究会発行『温故　第二十五号』所収「益田親施年譜」）と見えるだけで、賊を神と仕立て直す招魂祭を行った神官名は確認できない。

こうしたなか、幕府は慶応元年4月12日に長州再征令を出して長州藩をつぶしにかかるので、②の福原と③の国司の招魂祭は、より過酷な状況下で行われたことがわかる。実際、宇部の琴崎八幡宮での福原の招魂祭で、青山上総介が変名を用いて祭事を行っていたのはそのためだった。また国司の場合は、青山と同じ山口明倫館の国学者であった佐甲但馬が、万倉の国司家居館地で密かに斎行していた。『国司信濃親相伝』によれば、国司を祀る美登里神社のご神体は、遺書に従っ

た「跡たれて……」と書いた短冊と、生前愛用していた兼光の短刀であったらしい。『益田　福原　国司　清水　四大夫履歴』(山口県文書館蔵)は、三家老に対して「藩主其冤を憐ミ罪状ヲ取消」したのが6月15日と見えるので、国司は無罪確定の日に神として祀られたことになる。

　こうして神となった益田、福原、国司であるが、長州藩が7月4日に「各郡招魂場建設令」を出す（『もりのしげり』）前だったことで、いずれも家臣団の招魂碑とともに祀られる招魂場（招魂社）の形式には至っていない。主祭神だけを神社に祀る形式なのだ。ただし福原の神霊だけは琴崎八幡宮から分離独立する形で、新たに建立された維新招魂社（現・宇部護国神社）に遷されると同時に、家臣たちの招魂碑が設置されて、いわゆる招魂社の形式になっていく。『宇部村誌』には、崩山《くずしやま》の地を開いて維新招魂社の社殿を建てたのが慶応2年（１８６６）11月19日で、琴崎八幡宮から福原の神霊を遷座させたのが同3年（１８６７）12月5日と見える。いま、宇部護国神社に向かって左奥に昔の維新招魂社跡があり、「城州伏水之役不知所終」（城州《じょうしゅう》伏水《ふしみ》之《の》役《えき》、終《お》わる所《ところ》知《し》れず）と刻まれた招魂碑が並ぶのが、家臣団たちを合祀した結果である。「福原芳山事跡」（山口県文書館蔵『諸臣事跡概略』）の慶応2年の箇所に、そのときの記録が見える。

　十一月官ニ達許可ヲ得テ越後《エチゴ》元僴《モトタケ》ノ霊 幷《ナラビニ》 戦死ノ霊ヲ慰スル為メ領内維新山《イシンヤマ》ヲ開キ招魂社ヲ建築落成ス

特筆すべきは領主と家臣団の「戦死ノ霊」を共に公平に祀る近代的平等意識の発露である。
ところで長州藩にとって最初の勝ち戦となった四境戦争は、福原越後がいまだ琴崎八幡宮に祀られていた慶応2年6月からはじまっていた。この記念すべき討幕戦に備えて、嗣子の福原芳山は4月に「先考報恩覚悟の状」(『福原家文書　中巻』では「鈴尾五郎家中申聞状」の書)を書きあげ、「国家存亡之境」の今こそ、藩主(毛利敬親)と世子(毛利元徳)の冤罪を晴らし、領主の福原越後の遺恨をはらすため、家来の末にいたるまで「決死奮戦敵兵を払」うと誓っていたのである。続いて6月には家臣の石川範之たちが琴崎八幡宮に参拝し、「冥護《ミョウゴ》」こと神の守りを受け、「先主」こと福原越後の「積日ノ冤雲《エンウン》ヲ拂除シ」、禁門の変が「忠節」に沿った行動だったことを世に示す「幕末政状一件」(宇部市学びの森くすのき蔵)を奉納している。まさに琴崎八幡宮は後の靖国神社の雛形であり、実際に西洋歩兵たる福原家臣団は、神となった旧領主を仰ぎながら折敷畑《おしきばた》界隈(現・広島県廿日市市折敷畑付近)での戦いや、芸州口の戦闘に身を投じ、さらには小倉口に転戦したのだった。そしてある者は戦死し、ある者は傷を受けながらも生きながらえ、どうにか勝利を迎えたのである。すなわち福原越後を神として祀った幕末の琴崎八幡宮は、プレ靖国神社であったのだ。

面白いのは、宇部の崩山に新たに福原越後を専用に祀る維新招魂社の社殿が完成したのは戦勝直後の11月19日であったことだ。さらに1週間を待たない12月25日に幕府が頼りにしていた孝明天皇が崩御したが、これについてはイギリス人外交官アーネスト・サトウが「消息に通じている一日本人」から「毒殺された」と聞いたと漏らしている（『一外交官の見た明治維新　上』）。真偽のほどはともかく、維新招魂社の社殿竣工直後に孝明天皇はこの世を去り、それから1年が過ぎた慶応3年12月5日に、琴崎八幡宮から福原越後の神霊が維新招魂社に遷座し、家臣団もまた合祀されるのである。ついでにいえば、3日後の12月28日に長州藩と密約を結んでいたキング提督の乗ったイギリス東洋艦隊旗艦プリンセス・ロイヤル号が三田尻港（現・防府市）に入って来て、ドンチャン騒ぎの祝宴をやらかしている。

この時期は、山口城のそばを流れる一の坂川のほとり、藩の養蚕所で密造された「錦の御旗」に青山上総介が祝詞を上げて本物に仕立てた直後でもあった。最後の討幕戦に向けた狼煙《のろし》があげられたのだ。

萩の椿八幡宮のすぐ近くに代々住んでいる田村秀祐氏（昭和8年生まれ）は、そのころの話として、「品川弥次郎が氏子じゃったですけえ、椿八幡宮に錦の御旗を持ってきて、お神楽をあげてもろうたと古老から聞きました」と教えてくれた。

ところで、明治6年12月にまとめられた『明治六年　招魂場記録』（山口県文書館蔵）から、宇部の維新招魂社（宇部護国神社の母体）の初期の状況を知ることができる。興味深いのは本殿と相殿に祀られていた祭神たちの顔ぶれだった。

まずは当然ながら、禁門の変で自刃した福原家24代目の「福原越後　大江元僴《もとたけ》」が本殿に祀られていた。そして相殿にはA・長井左衛門尉《さえもんのじょう》（大江時広）、B・長井出羽掃部介《でわかもんのすけ》（大江貞広）、C・

福原下総守（大江広俊）、Ｄ・福原出羽守（大江貞俊）、Ｅ・福原越後守（大江広俊）の５柱が祀られていた。

ＡからＥの記号は年代順に筆者が付けたものだ。『宇部市史（通史編）』（昭和41年刊）を参考に各人の略歴を列記すれば、次のようになる。

Ａ　福原家初代で鎌倉幕府の人物。建保６年（１２１８）５月17日に蔵人に任じられ、仁治２年（１２４１）に没した。

Ｂ　福原家５代目で、貞和５年（１３４９）８月25日に総領家督を相続。応安４年（１３７１）10月１日に毛利元春の５男・広世と親子の契りを結び、今川了俊に属して九州に渡り、同５年（１３７２）２月10日に麻生山の戦いで負傷。同８年８月29日に筑後国山崎の地で戦死した。

Ｃ　福原家８代目で永正７年（１５１０）９月16日に家督を継ぎ、弘治３年（１５５７）１月10日に没した。

Ｄ　福原家11代目で毛利元就を助け、輝元の代まで補佐を務めた。文禄２年（１５９３）８月15日に没した。

Ｅ　福原家13代目で天正19年（１５９１）４月21日に家督を継ぎ、慶長元年（１５９６）９月、豊臣秀吉の朝鮮出兵（再征）により総勢３３８９人の大部隊を編成して同２年に朝鮮に渡り、軍功を上げた。同５年（１６００）の関ヶ原の戦いでは吉川広家とともに徳川方と折衝して毛利家を断絶の危機から救い、防長2州の安堵に導いた。

興味深いのは、AからEまで全員が関ヶ原の戦い以前の福原家の面々であったことだ。維新招魂社には徳川敗戦体制下の福原家の人たちは祀られていなかったことになる。靖国神社の源流たる反徳川精神が、ここからも明確に浮かび上がる。

京都蹴上と霊明舎

一般的にいわれる靖国神社のルーツは、文久2年（1862）12月24日に京都霊山《りょうぜん》の霊明舎《れいめいしゃ》で行われた招魂祭となっている。

なるほど、明治24年出版の『如蘭社話《じょらんしゃわ》　巻二十二』によると、「祭主」が古川躬行《みゆき》（神祇伯白川家の臣）、「会頭頭取」が福羽《ふくば》美静《よししず》（津和野藩士）、そして長州藩士の世良利貞（孫槌）、西川吉輔（江州八幡）、長尾郁三郎（京都）の5人を中心に執り行った神道式の「報国忠士の霊魂祭」（私祭）であったことがわかる。全国各地から61人が「来会」していたというので、記録に残る総勢は66人。注目すべきは長州藩士が最多の15人を占めていたことであった。

世良を除く14人の長州志士の氏名は以下の通りである。渡辺新三郎（徳山藩士）、生田森衛（同）、林常太郎（長府藩士）、小国融蔵（須佐藩士）、多彌卯一（同）、内藤瑳亮（同）、大谷樸助（同）、池田潤助（同）、田村育蔵（同）、楢崎悌二郎（本藩）、佐々木二郎四郎（同）、河上弥助（同）、澄川敬蔵（同）、野村和作（同）。そのすべてが維新革命に身を挺した、錚々《そうそう》たるメンバーである。

例えば大谷樸助は益田親施（右衛門介）を元治元年（１８６４）の禁門の変で失った後、翌年3月に須佐回天軍を組織した人物であった。佐々木二郎四郎も禁門の変に従軍後、帰国して下関で四カ国連合艦隊と戦っていた。吉田松陰門下の野村和作は、維新後の子爵・野村靖である。

祭事の中心にいた世良も松陰門下で、近藤芳樹に国学を学んでいた。文久3年（１８６３）7月に青山上総介が「神祇道建白書」を書き上げ、藩政府に提出した際の同志でもあり、その後は青山、天野小太郎、三戸詮蔵、佐甲但馬（近藤芳介）たちと京に上り、神道興隆工作に奔走していた。

ところで、このときの霊明舎での招魂祭について、県信輯や平塚清影の日記に１７０人あまりが参加したと中村武生氏が「幕末期の霊明舎と長州毛利家」（『軍事史学』第四七巻・第三号）で報告しているので、実際はさらに多勢の参列者だった可能性がある。長州以外の参加者についても「親長州」と語っているので、長州派の神葬祭の色彩が強かったようだ。実際に毛利家も慶応4年（１８６８）幕開け早々の鳥羽・伏見の戦いに勝利した際の1月16日に、霊明舎で「祭典」を行っていた。

問題は、このときの霊明舎での招魂祭が独立したものか否かである。2カ月前の文久2年10月17日に、近くの蹴上《けあげ》に長州藩士たちが集まり、吉田松陰の神道式慰霊祭を行っていたからだ。この事実は、ほとんど知られていない。

すでに見たように安政5年（1858）9月に『西洋歩兵論』を書き上げた松陰は、同6年10月27日に江戸伝馬町の牢獄で刑死した。したがって3年後の慰霊祭を門下生たちが京都の蹴上で行ったことになろう。

幕府に処刑された国賊ゆえの極秘祭事であったが、「吉田松陰慰霊祭関係文書綴」（山口県文書館蔵）に当時の記録が見える。それによれば松陰門下の久坂玄瑞が主宰し、青山上総介が祭主を務め、寺島忠三郎が補佐していた（翻刻文は『山口県地方史研究　第二七号』「明治維新と長州神道界　靖国神社成立の基層」に掲載した）。

ここには青山が「狩衣」を着用し、袴に似た「差貫キ」を履き、頭に「烏帽子」を被り、「中ケイ」すなわち腰に差す扇である中啓を携えるという正式な姿で神事に挑んだ様子がうかがえる。ちなみにほかの「参詣人」は佐世彦七（前原彦七）、福原音之進、福原三五郎、岡部繁之進、河上弥市、杉山松介、吉田栄太郎（稔麿）、澄川敬助、楢崎八十槌、佐々木次郎四郎、瀧弥太郎、三戸詮蔵、結城市郎（筑前人）、小国甲（剛）蔵、松嶋剛蔵、福原亀太郎たちであった。

実はこの松陰慰霊祭の直前に、久坂は公武合体派の長井雅楽《うた》暗殺に失敗して京都の法雲寺で謹慎しながら『廻瀾條議《かいらんじょうぎ》』を書いていた（翻刻文は『松下村塾偉人　久坂玄瑞遺稿』に所収）。その第一条で久坂が述べていたのは「忠烈節義之士」でありながら「御危害を引出し国賊などゝ罵」られている「吉田寅二郎」、すなわち国賊として刑死した吉田松陰の「忠義の魂」を弔うことである。こうした松陰の名誉回復を求める久坂の情熱が、蹴上での松陰慰霊祭を用意したのである。

総勢19人の参詣者についても見ておこう。まず冒頭の佐世彦七は維新後に萩の変を首謀した前原一誠の父である。続く福原音之進こと福原乙之進は、直後に品川御殿山に建設中のイギリス公使館を焼き討ちする攘夷派だ。岡部繁之進は松陰門下の岡部繁之助（大正10年まで生きた大組士の岡部利輔＝※11）であろう。吉田栄太郎は青山から稔麿《としまろ》の名を与えられ、藩内の被差別民「穢《え》多《た》」（垣内《かきうち》）を集めた討幕軍を組織した変わり種で、元治元年6月の池田屋事件で落命して、自身も霊明舎で祀られている。また、滝弥太郎は明倫館教授・滝墨華《ぼくか》の子で奇兵隊に顔を出していた逸材だし、三戸詮蔵も翌年には青山と前掲「神祇道建白書」を提出して一緒に上京している。結城市郎は「筑後人也」と墨書されている通り、福岡藩士の仙田市郎（※12）のことで、文久2年8月に脱藩上京後、蹴上での慰霊祭に参加したものの、その後の禁門の変で捕えられ、大阪の獄中で自害した討幕派だった。松島剛蔵は藩医・松島瑞蟠の息子で、楫取素彦《かとりもとひこ》の兄である。実は楫取素彦も蹴上での慰霊祭に参列する予定であったがかなわず、香典のみを送ったと『吉田松蔭之殉国教育』は記す。このうち小国剛蔵（融蔵）と佐々木二郎四郎の2人は、2カ月後の霊明舎の招魂祭に参列していたので、河上弥市、澄川敬助、楢崎八十槌についても、霊明舎の招魂祭に参列した河上弥助、澄川敬蔵、楢崎悌二郎と同一人物だった可能性が高い。そうであるなら、松陰慰霊祭のメンバーの多くが霊明舎での招魂祭に流れ込んでいたことになろう。

そもそも幕末の霊明舎は、前出の中村氏が語ったように「親長州」の神葬祭施設だったので、2カ月前の蹴上での松陰慰霊祭と連動していたとしても不思議はない。

筆者は松陰慰霊祭の現場を見たくなり、三条駅（京阪電車）近くで借りたレンタルサイクルで三条通りを東に走った。蹴上まで1・5キロほどであろうか。最後は登り坂で、息が切れ切れになるころに蹴上発電所の赤レンガの建物が左手に現われ、そのままゆるやかな右カーブを越えると、蹴上上水場の入口ゲートが見え、向かいあう形で日向大神宮《ひむかいだいじんぐう》と安養寺の共用参道が口を開けていた。周囲が山ばかりの何の変哲もない風景が、松陰慰霊祭の現場だったのである。

蹴上の三叉路。左手遠方の山が日向大神宮社域。
文久２年に吉田松陰の慰霊祭が行われた「粟田山屋敷」界隈

そういえば前掲「吉田松陰慰霊祭関係文書綴」の末尾に、祭壇に供える白米や御神酒、祭壇を囲む葉付きの竹や注連縄など、「いつれも上総方宛て買揃　粟田山え差越申候」と記されていた。プロ神職の青山が供え物を手配し、祭事の準備をすませていたのだ。そのうえで正装して門下生たちと慰霊祭を斎行したのであるが、現場を歩いても、今となってはその場所を特定することはできなかった。当時も秘密で行っていた招魂祭なので、当然といえば当然だろう。

とはいうものの、蹴上での慰霊祭を記した資料が別に存在していた。参列した「寒緑」こと杉山松介が、「千束」こと山県有朋に宛てたつぎの手紙だ。

今朝　粟田山御買土地中《おかいとちちゅう》　鵞《が》大明神社に而《て》　松陰先生神祭の式　催され申候《もうしそうろう》。同志中　青山上総神官に而《て》、誠に古蕭《こしょう》の式　感銘　仕　候《つかまつりそうろう》。幕《まく》も葬典の詔《みことのり》　遵奉《じゅんぽう》の様子　内々朝廷に伺《うかがい》書差出候《しょさしだしそうろう》。素《もと》より極秘に而《て》御座候。

（『山県有朋関係文書２』）

杉山は寺島とともに間部詮勝暗殺計画に連座した松陰門下生で、後に池田屋事件で新選組に襲撃され、宮部鼎蔵《ていぞう》や吉田稔麿（栄太郎）たちと落命する筋金入りの革命家だった。その杉山の報告によれば、慰霊祭の場所が「粟田山御買土地中　鵞大明神社」と具体的に記されている。「御買」の土地というので、長州藩が買い上げた土地に鎮座していた「鵞大明神社」で慰霊祭が行われたのであろうか。『もりのしげり』の「歴代領地 城宅表」で確認すると、長州藩は「京都日ノ岡　蹴上ヶ」に「粟田山屋敷」を有しており、「所領 施設年月日」の箇所に「安政頃カ」と見える。「沿革」に「文久頃有志ヲ置ク　元治元年七月没収」とあり、後に起きる禁門の変で「粟田山屋敷」は幕府に没収されていた。『もりのしげり』が書かれた大正5年時の「現今推定地」は「京都市疎水敷地」で、やはり現在の蹴上浄水場一帯である。

蹴上での松陰慰霊祭が興味深いのは、それが維新回天のスイッチになっていたことである。高杉晋作を筆頭にした「文久二年戊十一月」付の血盟書には、蹴上での慰霊祭メンバーの久坂、松島剛蔵、寺島忠三郎たちの名が並ぶ。翻刻は『高杉晋作全集　上巻』で見ることができるが、筆者は青山大宮司家と縁続きになる東京の井上家から頼まれた霞会館（旧華族会館）での「井上馨百回忌」（平成27年8月28日）の記念講演後に、ロビーに展示された現物を見たことがあった。この血盟書には続きがあって、「十一月二十六日」には滝弥太郎と佐々木二郎四郎も加わるのだ。

その延長線上の12月12日に品川御殿山《しながわごてんやま》に建設中のイギリス公使館焼討ち事件が勃発するが、この事件は前出の福原音之進（乙之進）をはじめ、久坂玄瑞、寺島忠三郎たちが高杉、志道聞多（井上馨）たちと合流して行った非合法テロであった。あたかも松陰の霊が憑依《ひょうい》したかのような熱を帯びた義挙である。

血盟書は、それで終わりではない。年が明けた文久3年1月21日には三戸詮蔵が血盟書に加わり、29日には楢崎八十槌、吉田栄太郎、野村和作も参加している。面白いのは同じ1月に、久坂の主導で高杉、伊藤博文、品川弥二郎、山尾庸三、白井小助、赤根武人たちが小塚原に埋められていた松陰の遺骨を掘り出し、若林村に移して墓を改葬していたことだ。これが現在、東京世田谷区に鎮座する松陰神社のルーツになる。

蹴上での松陰慰霊祭から、若林村における松陰の墓の改葬までの約3カ月間が過激派たちの伸張期であった。逆に言えば靖国神社のルーツとされてきた霊明舎の招魂祭は、この2つの事象に挟まれていたことになる。

ところで吉田松陰の慰霊祭が蹴上で行われた理由は、単に長州藩の「粟田山屋敷」があったからだけなのであろうか。京都を走り回るうちに気になったのは、半年前の文久2年4月13日に、近くで松陰がらみの事件が起きていたことであった。松陰門下の絵師・松浦亀太郎（松浦松洞）の自刃で、その理由は、朝廷と幕府が結んで開国すべきと主張する長州藩の公武合体派・長井雅楽の暗殺にしくじったからというものであった。師である松陰を死に追いやった長井の「航海遠略策」の壊滅を狙う久坂の命による決起だったが失敗し、その責任を取る形で自刃したのである。『堀真五郎君談話』（毛利家文庫）は、「粟田山の上に腹を切つて死んで居つた　思うに粟田宮を奉じて馬前に死ぬる心持で粟田山へ上つて腹を切つたものと見へる」と語っている。また死んだ理由についても、「錦旗ノ下ニ死スルノ意ヲ表シタルナリ」と語り、「東山ノ霊山ニ葬ル」「有志者ヲ此処《ココ》ニ葬ムルコトハ之ヲ以テ嚆矢トス」と続けていた。驚くべきは松浦の遺体を埋葬したことが、霊山が志士たちの招魂場へ姿を変えるきっかけになっていたことだ。前述の霊明舎の招魂祭は、実に松浦の自刃から1年を待たずして（文久2年12月24日）斎行されていたことになる。

ところで松浦が奉じた「粟田宮」とは、朝彦親王のことではあるまいか。『もりのしげり』が安政6年（１８５９）12月7日の箇所に「粟田宮永蟄居」と記しているのは、松陰が刑死した安政の大獄に連座して朝彦親王も蟄居処分となったことを示す。松浦の自刃直後まで朝彦親王の蟄居は解けていなかった。「錦旗ノ下ニ死スルノ意ヲ表シタルナリ」というのは討幕精神そのもので、近くの蹴上で松陰慰霊祭が極秘に斎行された理由も、その延長線上にあったように見えてくる。

そこで霊明舎の後身である東山区の霊明神社を訪ねてみた。社殿の位置も昔のままと聞いていたが、現在はすぐ下に鎮座する霊山護国神社が、各藩の招魂社を擁する霊山墓地を管理している。幕末維新ミュージアム「霊山歴史館」まで併設しているので、霊山護国神社の周辺は多くの観光客でごった返していた。一方で、本家本元の霊明神社に向かう登り坂から人通りが途絶え、閑散としてくる。息を切らしながら自転車を押して、目的地へと急いだ。

霊明舎は文化5年（1808）8月の創建で、社務所で慶応4年発行の『穏玖兔岐集《おくつきしゅう》』に所収される「洛東霊明舎由来」を見せてもらえた。そこには、以下のように記されていた。

元より来此地《このち》ハ神道の葬所なり霊明舎といふ　其《そ》のむかし源朝臣都愷《くにやす》といふ人　神道に志ふかく有りけるに　皇国ぶりの長く絶て神去りし人の霊祭《たままつ》りをも　たゞ佛わざのみになりしを深くなげかれて……

正法寺の山林を村上都愷が開拓して、神葬祭施設として霊明舎を創建していたのである。その都愷の墓が、現在は霊山護国神社が管理する霊山墓地に組み込まれている。「創建者の墓に参るのにも不便です」と村上繁樹宮司（8世）が不満気に嘆いたのは、明治10年に社域が新政府に公収されて、新たにできた霊山護国神社の社域となったからだ。霊明舎と霊山護国神社は別物なのだ。

いずれにしても単なる神葬祭墓地が、松浦の埋葬により維新志士たちを祀る招魂場に姿を変えたのが、3世の村上都平宮司の時代であったことがわかる。そう考えると、文久2年12月24日の霊明舎で行われた招魂祭は、これから押し寄せる革命志士たちを祀る祭祀装置を大々的にアピールした打ち上げ花火であったのだろう。実際、都平宮司は会津松平家から狙われ、禁門の変後から鳥羽・伏見の戦いのころまで潜伏生活を続けたという。その時代の霊明舎の姿も『隠玖兔岐集』に描かれていた。

以上の流れを年表風にまとめると、次のようになる。

文久2年4月13日　粟田山での吉田松陰門下の松浦亀太郎自刃。霊山に葬る

同年10月17日　松浦が自刃した粟田山の界隈（蹴上）で青山上総介らが吉田松陰慰霊祭を極秘斎行

同年12月24日　霊明舎（霊山）で66人（一説では170人あまり）が参列して招魂祭を斎行

廃仏棄釈の目的

「諸事《しょじ》　神武《ジンム》創業《ソウギョウ》之《ノ》始《ハジメ》ニ原《モトツ》キ……」

世にいう王政復古の大号令は慶応3年（1867）12月9日に渙発《かんぱつ》された。

維新革命のスローガンは神武天皇の肇《はじめ》に戻ることであったが、大政奉還から2カ月後の王政復古の実態は、徳川体制からの完全脱却をもくろむ岩倉具視ら武力討幕派のクーデターだった。年

が明けた慶応4年年早々、鳥羽・伏見の戦いを皮切りに、生まれたばかりの新政府が幕府と戦う戊辰戦争が幕を開けた。新政府軍における神武革命のシンボルは長州藩で密造された「錦の御旗」である。

そんな戊辰戦争中の新政府の初仕事は、3月13日の神祇官再興の布告だった。続いて17日に、神祇事務局輔の亀井茲監《これみ》（津和野藩主）と神祇事務局権判事の福羽美静（津和野藩士）が、神社から僧侶や社僧を排除する神仏分離令（神仏判然令）を出す。さらに28日に2度目の神仏分離令が出された。神社境内に仏像を置くことが禁止され、神社の神官を神祇官に直属させ、社僧を禁じて還俗させるというのだ。幕末の廃仏棄釈運動は、神武回帰をめざす神道国教主義の第一歩である。

4月に入ると、それがいよいよ激烈になる。比叡山の東麓にあった日吉山王社《ひえさんのうしゃ》（現在の滋賀県大津市坂本の日吉大社）の神官・樹下茂国《じゅげしげくに》が、京都の吉田神社配下の武装した神官部隊・神威隊などを率いて山王社に乗り込み、長年にわたる延暦寺支配への怨嗟《えんさ》をぶつけるように仏像、梵鐘、教典、掛軸、巻物類を燃やした（『新修大津市史5　近代』）。この行為が仏教側から痛烈に批判された理由は、葦津珍彦が『国家神道とは何だったのか』で語るように、「神仏習合の精神伝統は、千有百年の根づよさ」があり、「徳川幕藩体制下の国教的特権」を有した仏教教団が「即刻に抗議」し、「太政官は、忽ちに排仏行動は、これを犯罪とすると公示した」からである。

仏教側が政治力を駆使して太政官に廃仏運動を「犯罪」と言わせたわけだが、仏教界の腐敗に対する不満も世間にはあった。例えば福沢諭吉が「僧侶論」（『福澤諭吉全集　第八巻』）で述べたように、耶蘇教《やそきょう》（キリスト教）を防ぐ手段として仏教が徳川体制（政治権力）と結びついたことで「徳川の太平二百七十年の間に寺門の風俗も社会と共に腐敗した」と正直に語っている。また辻善之助も江戸時代の仏教が「自ら惰眠を貪り、つひに内部から腐敗した」理由を、キリシタン禁制を急務とした幕府が、宗門改と檀家制度という仏教への保護政策を行った「弊」と明かしている（『日本仏教史　第九巻』）。幕府権力と癒着して腐敗退廃した仏教への反動で、神道主義が台頭したというのだ。背景にあったのは国学による世直し思想であろう。正義から出た行動ゆえに廃仏棄釈運動は過激さを増した。

顧みれば、藩政期に寺請制度で寺院が特権を握り、実際に僧侶の堕落と腐敗が広まっていた。これに手を焼いていたのが第2代水戸藩主・徳川光圀《みつくに》である。江戸時代がはじまって間もなく、光圀は庶民生活を悪化させた仏教の悪癖を正すため、寺社改革を行う。世直しのための廃仏運動の始まりだ。

大正14年刊の『維新前後仏教遭難史論』は、「義公」こと光圀が「寺院を整理し、僧侶を淘汰せるは、寛文五年に始る」と語り、寛文5年（１６６５）と翌年に2度にわたって法令を出し、多数の寺院を破却し、破戒僧に還俗を命じたことを明かした。鈴木一夫氏は『水戸黄門の世界』で、光圀は寺社改革に合わせて共同墓地を造り（※13）、家臣への墓地の分与とともに『喪祭儀略』という仏教を牽制する葬儀テキストを作成して藩士に与えたとも語る。実にこの『喪祭儀略』が、幕末の長州藩で戦死者を神道につなぐ招魂祭に影響を与えたと山口県側から主張したのが津田勉氏であった。てっぺんが四角錐の招魂碑の形も『喪祭儀略』の石碑図を元にしたものという。津田氏は下関の豪商・白石正一郎の日記（「白石正一郎日記」）や『谷東行主神葬略式』を読み解き、白石の父・資陽《すけあき》の葬儀が慶応3年（1867）3月28日に「水戸の自葬式」で行われ、2週間後の4月14日の高杉の葬儀も「自葬式」で行われたのは、いずれも『喪祭儀略』を元にしたもので、共に奇兵隊士の片山貫一郎（高岳《たかたけ》）が手がけたと結論づけていた（『山口県神道史研究　第一三号』「高杉晋作の神葬祭　長州藩に於ける水戸の自葬」）。

しかしながら、光圀の廃仏思想が幕末に影響を及ぼしたのは長州だけではなかった。薩摩藩においても藩主の島津斉彬《なりあきら》は、安政5年（1858）に藩内の寺院の梵鐘を報時鐘以外はすべて没収し、鋳つぶして武器製造の原料にする計画を立てていた。実行前に斉彬は他界したが、慶応元年（1865）の春に「寺院及び僧侶といふ者は、実に不用」（『維新前後仏教遭難史論』）という藩士たちの意見が再燃して、廃仏運動が実行されていく。もともと薩摩では浄土真宗が禁じられ、還俗した僧侶たちの生活を保障した経緯があったことで過激な廃仏運動となり、石仏は砕かれて川に沈められ、木造仏は焼き捨てられた。

こうした革命の国学は、国家神道を用意した。新政府の神仏分離令主義のブレーンといわれた津和野藩の亀井茲監や福羽美静たちは、早くも幕末の津和野で神道興隆の実践していた。津和野藩では藩校・養老館の国学教授に岡熊臣《おかくまおみ》（冨長山八幡宮《とみたけやま》宮司）が任命されたことで、嘉永2年（1849）に神道主義の学則が制定され、国学趣味が広まった（『津和野町史　第四巻』）。文久2年（1862）12月24日に京都霊山の霊明舎で斎行された招魂祭に、福羽が「会頭頭取」の立場で参列したのも、こうした流れに沿った出来事であろう。靖国神社のルーツの一つとされている元宮《もとみや》は、翌年の文久3年7月に福羽ら在京の津和野藩士10人が京都祇園社境内に祀った小祠が元になっている。安政の大獄、桜田門外の変、坂下門の変での犠牲者46柱を祀ったものだが、幕府の追及を恐れて一度壊され、霊璽《れいじ》を福羽邸に移して祀っていたのを昭和6年に靖国神社境内にあらためて遷座したものであった（『靖国神社百年史　事歴年表』）。なるほど、福羽らが京都祇園社に小祠（元宮）を建てた4年後の慶応3年（1867）に、亀井は福羽に命じて津和野藩で藩主以下の葬儀を神道式に改めていた。こうしたことから津和野派が靖国神社の創立に深く関与したと言われるが、そうは言っても元宮のみをストレートに靖国神社の起源につなげるのには無理がある。一度でも津和野を訪ねた人ならわかるが、維新革命期に起源を持つ招魂社が1社もなく、当然ながら後身の護国神社も津和野にはないからだ。これは『もりのしげり』に「招魂場」だけで22社も掲載されている長州と対照的である。

これだけ見ても、「西洋歩兵」の戦死者を招魂する文化が、直接的には津和野由来でなかったことがわかる。実は津和野派の廃仏運動も、第2章の「国学的身分解放」で示すように、長州藩の国学者・近藤芳樹の影響から始まっていた。

実際、高杉晋作の神葬祭より4年前の文久3年（1863）4月に、記念碑的な廃仏事件が長州藩で表面化していた。「尊攘日誌」（『山口市史　史料編　近世2』）の「四月廿二日」の箇所に見える「常栄寺淏西堂於寺門外切殺され居候段」という一文だ。その日、山口の常栄寺で13世の淏西（祖淏）和尚が廃仏派によって門前で斬り殺されたのである（※14）。

文久３年４月に常栄寺住職が斬り殺された場所
（現・山口市水の上町の洞春寺門前）

当時、長州藩では「攘夷」の嵐が吹き荒れ、本藩の萩城とは別に、外国軍艦から攻められにくい内陸に山口城を秘密裏に造営する山口移鎮が進んでいたことは、すでに見た通りである。藩主の毛利敬親が湯治を名目に萩から山口入りし、9月には山口の常栄寺が社地を提供して萩から菩提寺の洞春寺を移すのだが、4月は、まだ常栄寺のままであった。住職の暗殺事件が起きた舞台は、その常栄寺だった。現在の山口市水の上町に位置する洞春寺の門前で、住職が斬り殺されたことになろう。

この事件が長州藩のラディカルな廃仏棄釈の幕開けであったことは、淏西和尚が「長井右近・坪井九右衛門に徒党し、種々姦計を巧」んで「国害を醸」したため、「高嶺《こうのみね》之《の》御《ご》神罰《しんばつ》」により殺害されたと前掲の「尊攘日誌」が記していることでもわかる。朝廷と結んで幕府の存続をはかる公武合体論「航海遠略策」を書いた長井雅楽や、同じく保守派の坪井九右衛門と手を組んだ滇西和尚に、「高嶺之御神罰」こと山口大神宮の神罰が下ったという理屈である。殺害の実行者は大組士の宮城彦助であった。

この事件について山口県文書館蔵の『維新功労者履歴 三』（毛利家文庫）は、「一夜其寺門《イチヤソノジモン》ヲ叩《タタ》キ呼《ヨビ》テ曰《イワ》ク 公命《コウメイ》アリ急《キュウ》ニ政廳《セイチョウ》ニ昇《ノボ》レヨ 吾伴《ワレトモナ》ハント 僧束装《ソウソクショウ》シテ出《イ》ツ 彦助《ヒコスケ》忽然《コツゼン》眼《メ》ヲ瞋《イカラ》シ其《ソノ》罪《ツミ》ヲ譲《セ》メ 刀《カタナ》ヲ揮《フルッ》テ之《コレ》ヲ斬《キ》リ其罪状《ソノザイジョウ》ヲ標《シル》シテ道傍《ミチバタ》ニ梟《キョウ》ス」と記している。宮城が夜陰に紛れて寺の門を叩き、和尚を呼び出すと、藩主からの急用で藩庁に連れて来るよう命じられたと語り、和尚が僧の服装に着替えて出て来たところで罪状を述べて斬り殺したのだ。しかも神罰の理由を宮城が自ら堂々と記し、それを路肩に掲げるほどの念の入れようだった。

まさにファナティックで鮮やかな廃仏行為だった。しかも本人の意識の中では正義であり、義挙であった。煌々と燃え上がる革命の烽火をあげたのだ。面白いのは、事件から3カ月後の7月に、青山上総介をはじめ天野小太郎、三戸詮蔵、佐甲但馬、世良孫槌たち5人の長州藩士が連名で神道興隆の書「神祇道建白書」（山口県文書館蔵『萩藩建白書雑集二』に所収）を藩政府に提出して、神道工作のために京に上ったことである。奇しくも福羽ら津和野藩士10人が京都祇園社境内に小祀を設けて幕末殉難者を祀った時期とも重なる。

青山たちは「神祇道建白書」の冒頭で、「私共の儀、及ばずながら古道学を開拓仕つかまつり度く、兼て研究仕り候所、今般神道御興隆之儀、天朝へ御建言之趣も御座候由……」と明言していた。仏教の配下に置かれ、差別的に扱われてきた神道の名誉回復を訴えたのだ。そして後半では、「私共五人に往来百日《おうらいひゃくにち》の御暇《おいとま》を仰《おお》せ付《つ》けられ候得《そうらえ》ば、自力《じりょく》を以《もっ》て上京仕《じょうきょうつかまつ》り……」といった調子で、１００日の猶予を与えてもらえるなら5人とも自費で（津和野派が殉難志士を祀る）京都に上ると記していたのである。

宮城彦助による湨西和尚の殺害と、続く青山たちの「神祇道建白書」の提出は偶然の一致だったのであろうか。1年あまり前の文久2年（１８６２）3月に長州萩で『萩城六々哥集』という36人の尊皇歌人たちの和歌を載せた木版和歌集が博古堂から出されたが、そこには「青山長清」こと青山上総介の「宇《う》く以《い》す能《の》　翅《つばさ》そゝまで濁したり　春まだあさき　山の井の水」の和歌が見える。それと一緒に、「宮城御楯《みたて》」こと宮城彦助の和歌「いざ子共《こども》　川の石ふしとりもてこ　梅見がてらに　人もこそ訪《おとな》へ」も掲載されているのだ。宮城の歌の前には「玉江に住けるとしの春」と見えるので、青山のいる椿八幡宮から2キロばかり北西の玉江に宮城が住んでいたこともわかる。『萩城六々哥集』には禁門の変で自刃する「国司朝相《ともすけ》」こと国司信濃や、「福原元僴」こと福原越後の和歌も掲載されている。藩の改革派（討幕派）の存在が色濃く表れた和歌集だったのである。

また注目すべきは、青山たちの「神祇道建白書」の提出と重なる文久3年7月に山口講習堂に復古方が設置されていたことである。復古局とも称されたこの部署は、すでに見たように幕末長州の国学興隆事業を支えた討幕のシンクタンクである。秘密裏に造営された山口城に付属する新たな藩校として、山口講習堂が山口明倫館にリニューアルされるのが11月で、これに伴い復古局も編輯局へ名を改める。

実に山口明倫館時代の文学寮の編輯局には、青山ら国学者たちが詰めたのである。後述するように元治元年（１８６４）５月25日に山口明倫館で楠公祭を斎行する際も、この編輯局で準備が進められた。こうして眺めると溟西和尚の殺害事件が、山口における神道興隆の起点であったことが見えてくる。

密造された錦の御旗

「私は賊軍、官軍ではなく、東軍、西軍と言っている。（略）向こう（明治政府軍）が錦の御旗を掲げたことで、こちら（幕府軍）が賊軍になった」

共同通信が配信した靖国神社第11代宮司・徳川康久氏のインタビュー記事が『中国新聞』など一部地方紙に載ったのは、平成28年６月10日のことであった。３年後（平成31年）に靖国創建１５０年を迎えることについて、共同通信のインタビューを受けた中で発せられた言葉で、その顛末は本書付録の「2人の宮司はなぜ靖国を去ったのか」（１８１ページ）に譲るとして、ここでは徳川氏が問題にした「錦の御旗」について述べておこう。

長州藩が錦旗の密造に着手したのは、戊辰戦争の直前である。慶応3年（１８６７）12月９日に王政復古の大号令が渙発され、即席の新政府が樹立される直前だった。舞台は現在の山口県庁の横を流れる一の坂川のほとりである。県庁前の国道９号線を川がくぐる手前のセブンイレブン山口県庁前店の前から小路に入り、小橋を渡った所に立つ「錦旗製作所址」の石碑のある場所だ。昔はよく知られた話だったようで、石碑は昭和9年8月に山口市が建てていた。そこにあった藩の養蚕所を密閉して外から人が入らないようにしたうえで、「錦の御旗」を密造したのである。

この秘事は京都洛北で蟄居《ちっきょ》中の下級公家・岩倉具視が国学者の玉松操《たままつみさお》や薩摩藩士の大久保利通（一蔵）を巻き込み、討幕の密勅を工作するのと並行して進められた。岩倉の側近であった山本復一の証言によれば、岩倉から依頼を受けた大久保が京都の妾おゆう（後に大久保の第2婦人）に買わせた生地を品川弥二郎に持たせ、品川が長州に入って萩の有職師・岡吉春（後に陸軍少将になる岡市之助の父）に作らせたという（『大久保利通』「京都時代」）。

このときの「錦の御旗」の余り布と、由来書が入った額縁「錦旗余片」が山口県立博物館に残されている。由来書には、大和錦と紅白緞子《こうはくどんす》数匹を品川が広沢真臣、世良修蔵らと長州藩に持ち帰り、藩主(毛利敬親)に討幕の密勅が朝廷から下ると同時に錦旗《きんき》製作の内命を報告したと見える。こうして玉松操のデザインをもとに毛利家祖先の大江匡房が記した『皇旗考』を参考に二旒《りゅう》の錦旗が密造されたのだ。諸隊会議所（石原小路）に残されていた「錦旗余片」が、柴垣家に伝わってもいた。

長州藩の絵師・大庭学僊《おおばがくぜん》が描いた「錦旗図」も山口県立博物館に残されており、「宮さん宮さん、お馬の前にヒラヒラするのは何じゃいな」の歌詞で知られる赤地の錦に「日」と「月」が浮き上がる二旒の官軍旗である。この「都風流トコトンヤレぶし」も品川弥二郎が作曲して大村益次郎作が作詞したと伝えられるが、いずれにせよ東征大総督有栖川宮熾仁《ありすがわのみやたるひと》を担いだ薩長土肥の官軍兵たちが「錦の御旗」を掲げて進軍し、江戸城を開城したのだ。

明治38年3月7日付の『防長新聞』には、当時を知る柴垣弥壮（諸隊会議所にいた柴垣弥兵衛の息子）へのインタビュー記事「毛利藩にて作られたる錦の御旗」が見える。

宮《みや》さん〳〵於馬《おうま》の前《まえ》にヒラ〳〵するのはなんじやいな　アレは朝敵征伐《ちょうてきせいばつ》せよとの錦《にしき》の御旗《みはた》を知《し》らないか　トコトンヤレトンヤレナ　是《これ》はこれ維新当時《いしんとうじ》専《もっぱ》ら流行《りゅうこう》したる一俗謡《ぞくよう》なり　此《この》ヒラ〳〵する錦《にしき》の御旗《みはた》が我毛利藩勤王諸氏《わがもうりはんきんのうしょし》の手《て》によつて作《つく》られたる事《こと》は山県侯《やまがたこう》の著書懐旧記事《ちょしょかいきゅうきじ》にも記《しる》されたれば今《いま》は世《よ》に識《し》る人《ひと》の多《おお》かるべけれど此製作《このせいさく》に関係《かんけい》せると聞《き》ける当地《とうち》水《みず》の上在住《うえざいじゅう》柴垣弥壮《しばがきやそう》氏《し》に就《つい》て其当時《そのとうじ》に於《お》ける製作《せいさく》に関《かん》する凡《すべ》てを聴《き》くを得《え》たれば茲《こゝ》に記《き》して読者《どくしゃ》の一粲《さん》に供《きょう》せんとす

なるほど、山県有朋も『懐旧記事　第五巻』で、「岩倉の内命を以て我藩に於て錦旗二流を調整すべし」となったと記しており、「山口なる諸隊会議所の楼上にて他人の出入りを禁じ之を製造せしめたるに数旬にして成る」と明かしていた。

ここから先は前掲『防長新聞』の柴垣弥壮の口述を要約するが、そもそもの錦旗密造の発端は四境戦争後に薩摩の黒田清隆が長州入りし、道場門前の山城屋へ泊ったときに薩長が討幕の密約を交わしたことにあったらしい。このため官軍旗の「錦の御旗」が必要となり、朝廷に探りを入れたが実物がないとわかり、急いで長州で作ることになったのである。材料として京都から３００両の錦の生地を取り寄せたというのが、前述の「大和錦」の生地である。こうした裏事情を知っていたのは広沢真臣、木戸孝允、井上馨、柏村数馬、品川弥二郎、世良修蔵、太田市之進たち数人だったといわれる。

山口市の一の坂川畔に建つ「錦旗製作所址」の石碑

そこで柴垣弥壮の父・柴垣弥兵衛が元の養蚕所を諸隊会議所として預かっていたことから、ある日、世良がやって来て「チト頼みたい事がある」と願い出たのだ。ちょうど「慶応三年の秋」という季節がら蚕も飼っていなかったので、水の上の藩の養蚕所の四方を竹垣で囲んで外から人が入れないようにして、萩の細工人・岡芳春（岡吉春）が極秘に製造するのである。食事も姉の園子が石原小路から運ぶという徹底ぶりで、1カ月かけて「錦の御旗」を完成させる。12月9日には王政復古の大号令で新政府が発足するので、11月の終わりごろには出来上がっていたはずだ。錦の御旗の完成品は長さが1丈5尺（約

4・5メートル）で、3枚張り合わせた幅は4尺5寸（約1・35メートル）くらいもあった。巨大な二旒の「錦の御旗」は別々の箱に入れられ、床の間に据えられると、初老の神官が来て祝詞をあげたという。柴垣は語る。

是《これ》が青山上総《あおやまかずさ》といふ人《ひと》で後《のち》に靖国神社《やすくにじんじゃ》の宮司《ぐうじ》をして居《い》た人《ひと》　それに祓《はら》ひをさした。誰《だれ》も中《なか》に何《なに》が這《は》入《い》つて居《い》るか知《し》らなかつた。

山口明倫館の国学者だった青山上総介が祝詞をあげたことで、二旒の「錦の御旗」は本物に仕立てられたわけである。そこで新調の「錦の御旗」を押し立てて、慶応4年（明治元年）の年明け早々から京都で鳥羽・伏見の戦いが始まる。柴垣は続ける。

夫《そ》れから将軍慶喜公《しょうぐんよしのぶこう》は大坂《おおさか》から船《ふね》で逃帰《にげか》へると直《す》ぐに江戸《えど》攻《ぜ》めと云《い》ふ事《こと》になり宮様《みやさま》が持《も》つてお出《いで》たのが即《すなわ》ち其旗《そのはた》です。

平成の世で靖国神社の宮司になった慶喜の末裔・徳川康久氏がこだわったのが、このとき徳川勢が「錦の御旗」を前に戦意を喪失し、賊軍として敗れたことである。

面白いのは慶応4年2月10日に奇兵隊士の福田侠平が錦旗の余り布で作った「火打袋」を下関

の白石正一郎に送り届けていたことだった（『白石家文書』「白石正一郎日記」）。吉田松陰の義弟・楫取素彦も錦旗の切れ端で作った火打道具袋を所蔵していたので（平成24年秋に萩博物館で展示）、錦旗製の「火打袋」は維新革命の記念として複数作られて配られていたのだろう。

ともあれ山口城近くの一の坂川河畔で密造された錦の御旗のおかげで、長州藩兵は官軍として勝利を迎える。そして新たな明治新政府のシンボルとして九段の歩兵屯所跡に靖国神社の母体となる東京招魂社が明治2年6月に創建されるのである。それは関ヶ原の敗戦から260年にわたる屈辱的な徳川体制から脱却した喜びと開放感の中での出来事であった。巷で揶揄される「靖国神社＝長州神社」の構図は、こうした維新秘史を背景にしている。

福原越後と楠公祭

山口明倫館文学寮の編輯局にいた青山上総や佐甲但馬たちが幕末に準備した討幕の祭事・楠公祭を見ておこう。

長州藩主催のパブリックな楠公祭の最初は、元治元年（1864）5月25日の、楠木正成の命日に山口明倫館で行われたものである。これに参列した宇部領主の福原越後が、直後に京都に進撃。いわゆる禁門（蛤御門）の変に身を投じている。

楠公祭は、500年あまりも前に幕府転覆を企てた後醍醐天皇に最後まで忠義を尽くした楠公こと、楠木正成を神として祀る討幕の神事だった。実は長州藩を経営する毛利家は、もともと楠木正成と縁がある。『楠公と新教育』には、楠木正成が「大江家の裔《えい》大江時親なるものにつきて、兵法を研究したといふことも、昔時より加賀田村の大江家に伝はりし説」と見える。現在の大阪府河内長野市加賀田に住んでいた毛利家の祖先・大江時親に、少年期の楠木正成が文学や兵学を学んだ伝承があるというのだ。

こうした縁からであろうか、後に長州藩の兵学者の家に生まれた吉田松陰も、嘉永４年（１８５１）３月11日に湊川の楠木正成の墓（現在の神戸市中央区・湊川神社）に参り、墓碑銘の拓本「嗚呼忠臣楠子之墓」を買っていた。このとき一緒に買い求めた「楠公湊川碑拓本」が山口県文書館に残されている。あるいは正成の弟・正季《まさすえ》が死にのぞみ、「七たび人間に生まれて、以て国賊を滅さん」と語った言葉に感銘を受けた松陰は、自ら「七生説」を説いて安政６年（１８５９）10月27日に刑死してもいた。それから４年後の文久３年（１８６３）５月25日に、下関の白石正一郎邸で斎行されたのが長州藩で最初の楠公祭となるが、これは私祭である。とはいえ、松陰門下の久坂玄瑞や久留米藩士の真木和泉たちが参列した堂々たる楠公祭だった（「白石正一郎日記」）。

こうした動きと連動するように、８月18日には三条実美、三条西季知《さんじょうにしすえとも》、東久世通禧《ひがしくぜみちとみ》、壬生基修《みぶもとなが》、四条隆謌《しじょうたかうた》、錦小路頼徳、沢宣嘉《さわのぶよし》ら七卿と長州藩兵が幕府勢によって京都から締め出される「八・一八政変」が起きる。七卿たちは８月21日に兵庫港に上陸すると楠木正成の墓に参り、瀬戸内海を船で下って周防の三田尻に上陸すると、招賢閣《しょうけんかく》で毛利敬親、元徳の父子から手厚くもてなされた。錦小路が、萩に滞在中の画家・森寛斎《かんさい》に正成の絵を描かせて元徳に贈ったのもこのときである（山口県文書館蔵『森寛斎筆楠公肖像由来』）。

討幕主義の興隆とともに楠公ブームは長州藩で盛り上がり、元治元年5月25日における山口明倫館での長州藩主宰の楠公祭となるのである。これを準備したのが山口明倫館の編輯局であったのだ。

山口県文書館蔵の『忠正公伝』によれば、藩政府は早くも元治元年1月27日、青山上総介と世良孫槌（利貞）に編輯局へ出勤するよう命じていた。討幕の拠点となる山口城の造営が、福原越後の監督によって秘密裏に1月15日に始まった直後で、造営工事と並行して萩と山口の2つの城に付属する2つの藩校（萩の明倫館と山口の明倫館）の学問体系を、儒教式の釈菜《せきさい》から神祭に改めるために、青山たちは招聘されたのである。

藩の学問所の神道化も、青山たちが前年（文久3年）7月に提出した「神祇道建白書」に沿っていた。その結果、2月には孔子と弟子たち計5人の木主（木牌）が厨子に納められて封印され、代わりに天穂日命、大江音人、大江維時、大江匡房などの毛利家祖先の4柱に、孔子を配祀して計5牌を並べて孔子神となる。

佐甲但馬たちが式内神社と官社などの調査と神職説諭のため、編輯局から諸郡出張を命じられたのが3月8日である。それから1週間後の15日には萩の農兵・大賀幾助《いくすけ》（萩の造り酒屋に生まれ、吉田松陰門下になった大賀大眉）が編輯局の御用便に命じられている。

萩から山口に藩庁が移転する山口移鎮により、毛利家祖先神も萩城の仰徳神社（祖霊社）から山口の今八幡宮に遷座させる計画が前年から表面化していた。すなわち文久3年（1863）6月6日の萩椿八幡宮への仮遷宮に合わせて、山口での祖霊社を「長山」こと亀山（山口県庁近く現在の現在の亀山公園）に造る計画が進行中であった。山頂に檜の白木造、檜皮葺の神殿5棟、幣殿と拝殿を建てる構想で、その亀山の東麓にあった編輯局において楠木正成の命日である5月25日に前出の楠公祭の準備が青山たちの手で整えられたわけである。このことについて山口県文書館蔵『防長護国神社誌　招魂社起源考』は以下のように記している。

（青山）上総は萩椿八幡宮の祠官であって、国学神道の造詣が深く、山口明倫館編輯寮の編輯役に任ぜられたことがあった。元治元年五月の山口明倫館に於ける楠公祭及び十七士招魂祭の祭式及び祝詞を調定したのは編輯寮であったから、上総もこれに関係したことゝ思はれる。

実際、『忠正公伝』には5月18日に楠公祭の打ち合わせが行われたと見える。この席で追慕の和歌詩文の募集と、楠公祭当日（25日）に山口明倫館の講堂で中村百合蔵に「大日本史楠公論賛」を講釈させることが決まっていた。続いて23日に、祭主として藩主毛利敬親の名代を八家（毛利一門六家に福原家と益田家を加えた家）の中から1人選び、祭事係として編輯局の青山上総と佐甲但馬に出張が命じられたのである。

こうして25日に毛利敬親、元徳父子が参列し、山口明倫館での初めての楠公祭が挙行され、吉田松陰、村田清風、来原良蔵ら「殉難十七士」の英霊たちが合わせ祀られた。彼らは神となったのだ。

毛利敬親は祭壇の前で祭文を詠みあげると「芳野の山」、すなわち南朝の吉野宮のあった吉野山を象徴する桜の一枝、続いて楠木正成の出自にちなんだ橘の一枝を捧げた（『湊川神社史・中巻〈景仰篇〉』）。福原越後が「福原越後筆楠公碑文」を紙に刷って配布したのもこのときだった。大正5年刊の『贈正四位福原越後公伝』は、「元治元年五月、藩内一般の士気を鼓舞し、勤王の誠を諭さしむべく摺本《すりほん》を製作して藩内に配布せしめらる。版木の文字は公の揮毫に係る。而《しか》して該《その》版木は宇部村紀藤閑之介氏蔵せらる」と記している。福原越後が配ったのは浅見絅斎《けいさい》作の「大楠公桜井の駅遺訓の長歌」である（※15）。

其時《そのとき》正成、はだの守りをとり出《いだ》し。これは一とせ都《みやこ》ぜめのありしとき、くだしたまへる綸旨《りんじ》なり。我ともかくもなるならば、尊氏が世となりて、芳野の山のおくぶかく、叡慮なやませまはんは、鏡にかけてみるごとし……

この歌の主題の初見は『太平記』であり、近代においては明治32年に作られた歴史的軍歌『大楠公』の「青葉茂れる桜井の……」の歌詞でよく知られるテーマである。建武3年（1336）

5月23日から24日にかけて湊川の合戦で楠正成が兵庫に下った際に、討ち死に覚悟の700の騎兵を連れ、残りは後の戦いに備えて河内へ戻るよう息子の正行に指示して分かれた悲哀に満ちたエピソードだ。その後、足利幕府軍に破れた正成が自刃を迎えた日が、5月25日だった。それから500年の時空を超えて山口明倫館と高田御殿で斎行された楠公祭は、鎌倉幕府体制に反旗を翻した後醍醐天皇に従った楠正成、正行の父子の精神を復活させる革命の神事となる。

もうひとつ面白いことがあった。楠木正成が忠義を尽くした後醍醐天皇自身が、かつて招魂祭を行っていたことだ。

> 後醍醐天皇　日中行事に、日毎のせうこんの御祭、今は定まれる事なり、とあるせうこんは招魂にて、こは鎮魂にはあらず、陰陽《おんみょう》家《か》にて別に招魂祭とて為る方なるべし
>
> （『伴信友全集第四』「比古婆衣二十の巻」）

毎日のように後醍醐天皇が行っていた招魂祭は鎮魂祭祀ではない。陰陽家が行っていた招魂祭と同じもので、幕府調伏のために護摩を焚き、密教法具の三鈷杵《さんこしょ》を手に呪詛したのと似た意味があったようだ。編輯局にいた青山上総介は、500年前の後醍醐流招魂祭を研究し、神道形式にデフォルメしたのであろうか。

儒教の古典『礼記』の「檀弓《だんぐう》下第四」には、死者の「魂魄《こんぱく》」を「幽冥《ゆうめい》」の世界から呼び返すこ

とは、「鬼神《きしん》」に向き合って祈ることとしている。祈りの方角が「北面」なのは、「幽冥」の世界が北にあるからと語る。青山たちが楠公祭直後に勃発した禁門の変により、国賊となって刑死に追い込まれた福原ら三家老を招魂祭で神として祀ったのも、「鬼神」に向き合う陰陽家の招魂祭と同じ匂いが漂っていた。山口明倫館での楠公祭から、幕府を呪詛するかのような徳川家転覆工作が実際に進んでいくからだ。

藩主導の楠公祭が山口明倫館で斎行されたのと同じ日に、近くの湯田の高田御殿（井上馨の生家で現在の高田公園の場所）でも楠公祭が行われていた。ここでは七卿の年長者・三条実美が祭文を捧げ、三条西季知、東久世通禧、壬生基修が和歌を捧げている。また、禁門の変で命を投げうつ久留米水天宮の神主・真木和泉守も列席していた（※16）。

山口城の建設が進んでいたこの時期は、福原越後の采地の宇部でも菁莪堂《せいがどう》の名が維新館へと改ま

福原越後肖像（宇部・渡邊家蔵）

り、福原家臣たちも「西洋歩兵」の訓練をして討幕革命に向けたウォーミングアップが計られていた。

福原家臣の石川範之の記した『伏見行日誌』と『伏見行日記』（共に「学びの森くすのき」蔵）によると、6月16日の朝に出陣した宇部兵は、富海（現・防府市富海）から船で東上、途中で徳山に立ち寄っていた。福原越後は実父で徳山藩主の毛利広鎮《ひろしげ》に面会して、再び瀬戸内海を船で上って大阪に6月22日に上陸した。続いて国司信濃が兵を率いて6月26日に上京し、須佐村の益田親施（右衛門介）は少し遅れて7月6日に上京する。

長州藩では7月15日未明に世子の毛利元徳をはじめ、三条実美、三条西季知、東久世通禧、壬生基修、四条隆謌ら五卿（※17）が乗り込んだ大船団が三田尻港を出港した（『尾崎三良自叙略伝　上』）。船団を率いたのは廻船業者の藤曲浦（現・宇部市藤山）の松谷辰右衛門で、彼らは上関で碇泊して京都の様子をうかがいながら再び船を進める。ところが21日に讃州多度津（現・香川県仲多度郡多度津町）に到達したときに、禁門の変の失敗を知る。これにより毛利元徳の船は引き返すが、五卿の方は長州に引き返しても仕方がないと考えて、最初は備前藩を頼るつもりでいた。しかし、結局は長州に舞い戻る（『忠正公勤王事績』）。

福原越後は7月18日の夜、３００人を率いて伏見街道を北上。京都に向かっていたが、途中の藤の森で大垣藩兵から頬を銃弾で撃ち抜かれて負傷した。このとき落命した家臣のうち、身元が判明した21人は、現在、宇部市中宇部に鎮座する護国神社境内に21柱の招魂碑で祀られている（このうち19柱に「不知所終」と刻まれている)。

福原越後が怪我を負った翌日の7月19日に、来島又兵衛と久坂玄瑞が洛中に倒れ、7月21日には天王山で真木和泉守以下17人が自刃した。越後の娘トハに、粟屋家から婿養子として駒之進を迎えることが決まったのがその日である(『福原家文書　下巻』「付録」)。この粟屋駒之進が後の福原芳山で、その名は福原越後の楠公精神を象徴する吉野山(後醍醐天皇の吉野朝)の異名「芳山」にちなんでいた。

幕府側はこうした混乱の中で、長州藩の責任を厳しく追及しはじめる。征長総督の参謀長だった薩摩藩士の西郷吉之助(隆盛)は、岩国藩主の吉川監物《けんもつ》(経幹)と話し合い、益田親施、福原越後、国司信濃の三家老の自刃と引き換えに征長軍を止める政治取引を行う。その結果が11月11日の、徳山での益田と国司の自刃となり、翌12日の岩国での福原の自刃となったのである。まさしく長州三家老は、楠木正成と同じ悲運を迎えたことになろう。

一方で禁門の変の誘発に一役買った青山が、今度は「長州藩=賊軍」の汚名を晴らすかのように、半年後に宇部の琴崎八幡宮に福原越後を神として祀る行動を起こす。それが以後の長州藩内で次々と斎行される、招魂祭のスタートでもあったのだ。

長州の招魂祭

徳川幕府によって刑死した福原越後が、采地の宇部で神として祀られて1カ月が過ぎた慶応元年（1865）6月25日に、青山上総介は朝日山招魂場の創祀に奔走していた。山口市の秋穂《あいお》八十八カ所霊場で知られる朝日山真照院の奥ノ院の、さらに奥に位置する標高78メートルの朝日山頂上に鎮座する現在の朝日山護国神社である。当時の様子を『秋穂二島史』は次のように記す。

招魂場の棟上式は同年六月二十五日のことで、萩の椿八幡宮々司青山上総を招き、秋穂八幡宮からは入江陸奥、佐伯采女《うねめ》外祠官全員が参加し、昼は煙火（花火）数本を夜間も大花火数十打揚ぐる等秋穂が始まって以来初めての大にぎわいであった

いまその地を訪ねると、はるか遠くに秋穂湾を望む高台に「元治二年乙丑五月日」と胴部に刻んだ石燈籠が座している。慶応への改元は元治2年4月7日なので、実際は慶応元年5月であるが、益田親施を祀る萩市須佐の笠松神社の石鳥居「元治三年」の年号と同じで、「徳川慶喜に応じる」意と解される「慶応」を長州藩で使わなかったのだ。長州藩の招魂社には反徳川精神が、色濃く刻印されていた。

そんな朝日山招魂場は、藩士の堀真五郎が率いた八幡隊が工事を行っていた。慶応元年4月4日に八幡隊の一軍がいきなりなだれ込み、地主を刀で脅して地ならしを行い、整地が終わった後に八幡隊が前掲の石燈籠を奉納したと『護国の柱・朝日の宮』(朝日山護国神社発行)は記している。

八幡隊は文久3年（1863）12月に山口の今八幡宮の馬場で結成された諸隊のひとつであっ

た。山口移鎮時に毛利家の祖先神を遷座させる予定であった今八幡宮で結成された八幡隊だが、元をただせば久坂玄瑞が創設した神典取調所で立ち上がった神威隊が母体である。この部分は第2章で詳しく述べるが、やはり吉田松陰由来の「西洋歩兵」の一種であり、武器や食料は藩が支給していた。一方で久坂が藩政府の仕事で離れたことで、堀真五郎が総監なって引き継ぐことになったのである（※18）。

「久坂玄瑞先生年譜」（『松下村塾偉人　久坂玄瑞遺稿』）の文久3年「九月（中旬）」の箇所には、八幡隊が元治元年（1864）2月に小郡《おごおり》秋穂村に本営を移したと見える。それから1年あまり後の慶応元年の4月から6月にかけての朝日山招魂社の造営も、こうした延長線上に行われたことが、大人の背丈ほどの招魂場由来碑を見るとわかる。慶応2年（1866）3月に堀真五郎が建碑したもので、裏面に八幡隊幹部の名が上段に14人、下段に13人、刻まれている。すなわち上段冒頭が八幡隊総督「堀真五郎　義彦」で、次が「弘作之進　義忠」、そして「青山上総之助清主」と続く。靖国神社に残る青山の履歴に「禁門変従軍敗レテ七卿ト共ニ帰国、八幡隊書記」（※19）とあるのは、この時の「八幡隊書記」という意味であろう。

由来碑の前に鎮座する石鳥居は、藩の寄組だった堅田信義（※20）が慶応3年4月に奉納したものである。堅田は禁門の変により福原越後とともに自刃した国司信濃の弟だった。

慶応2年（1866）6月の幕府軍との四境戦争開戦により、八幡隊は8月に芸州口の戦いに出陣し、9月には小倉口の戦いに凱旋した。秋穂に戻るのは慶応3年2月である。5月に八幡隊と集義隊が合体して「鋭武隊《えいぶたい》」と改まり、堅田が総督となるので、朝日山招魂場の石鳥居の奉納はこの間に行われていた。おそらく最初の討幕戦での戦勝記念だったのであろう。招魂場はさらに奥に進んだところにあり、祠を囲むように寺島忠三郎、入江九一、久坂玄瑞、吉田稔麿たちの招魂碑が同じ大きさで並んでいる。長州藩が諸郡に招魂場の建設を命じたのが7月4日（『もりのしげり』）なので、朝日山招魂場は、その直前に完成していたことになろう。

ここに祀られていた吉田稔麿は、もとは栄太郎の名で、藩内の賤民「垣内」に帯刀させて討幕出陣をさせる計画をたてた人物である。それを藩政府が文久3年（1863）7月7日に許可したことで、卒族（足軽）から士雇に格上げされたが、このとき稔麿と命名したのが青山上総介である。そのときの喜びを稔麿自身が両親に宛てた以下の手紙の文章で知ることができる。

吉田栄太郎ハさゝわり有之、改名いたし候様との事、幸（ひ）椿八幡宮神主青山上総助にあひ申候間、名をたのみ申候ところ年麿（トシマロ）と付呉申候《つけくれもうしそうろう》、年と申ハ豊年と申事にて、よい田のほうねんと申心に御座候

（山口県立図書館所蔵『吉田稔麿遺墨二』）

吉田稔麿の身分解放主義も、師であった吉田松陰の「西洋歩兵」に帰着されるものであった。実際に長州藩においては、その後、一新組や維新団などの被差別民を集めた「西洋歩兵」も立ち

上がり、維新革命を推進していく。明治維新後に国家神道の象徴として登場した靖国神社が、四民平等と文明開化のシンボルとして民衆に受け入れられた背景も、こうした長州の維新秘史の存在があった。

ほかに松陰由来の「西洋歩兵」のつながりから見ると、西洋にも招魂祭に似た軍事祭事が存在していたことが目にとまる。石川明人氏が論文「アメリカ軍のなかの聖職者たち　従軍チェプレン小史」（『北海道大学文学研究科紀要』第一一七巻、２００５年11月25日発行）で紹介した従軍牧師（プロテスタント）や従軍司祭（カトリック）と呼ばれるチャプレンである。チャプレン制度がアメリカで確立したのは独立戦争開始時の１７７５年7月であった。日本の明治維新期と重なる南北戦争当時のチャプレンの仕事は礼拝やミサが中心ながらも、祈祷会、閲兵式での祈祷、結婚、洗礼、葬式、埋葬など多岐にわたっていた（田中雅一「軍隊と宗教　米軍におけるチャプレン」『人文学報』第九〇号、２００４年4月）。

チャプレン制度は、戦死した長州藩士たちを戦場で慰霊鎮魂した招魂祭とよく似ていた。海を越えての文物の流入は、長州藩が討幕運動で使ったライフル銃やアームストロング砲なども、イギリス系国策会社ジャーディン・マセソン商会経由で入手されていたことから、まんざら無関係にも見えない。長崎のトーマス・グラバーと密約を結び、アメリカ南北戦争で使った中古武器を横流ししてもらったが、グラバーもまた、「徳川政府の反逆人の中でハ、自分が最も大きな反逆人だと思つた」（山口県文書館蔵『デ・ビー・クラバ史談速記』「デ・ビー・クラバ氏談話速記」）

と自ら明かしている。

討幕のための軍事協定「薩長同盟」の裏にいたイギリスが開国の主導権を握ろうとしていたことを考えるなら、武器や兵器の輸入時に西洋の情報や工学、風俗や宗教祭祀が流入しても不思議はない。実際、慶応元年（1865）にイギリス公使として着任したハーリー・パークスが「常に朝廷に味方し」、討幕後の明治2年にはパークスの友人ネルソン・レーが日本に資金を提供して鉄道敷設まで誘導していたことを『伊藤公直話』（「日本鉄道の起源」）は記している。アメリカも自国の南北戦争で出遅れてはいたが、日本開国の主導権を握ろうとしていたのはイギリスと同じであった。

また西洋文化の受容の実際は、山口県文書館に保管される長州藩士（萩藩士雇）の元森熊次郎が戊辰戦争で着用した奇兵隊の軍服などにも表れていた。下衣は袴を改修した段袋の和装で、上衣はフランス式フロック型マンテルの洋式という和洋折衷型であったからだ。右裾の内ポケットのフタも、足袋などに付けられていた「小鉤《こはぜ》留め」が流用されている(※21)。チャプレンに似た「人を神として祀る」長州藩の招魂祭の出現も、キリスト教と国学の融合の帰結であったのかもしれない。

ところで朝日山招魂社に続いて青山上総介が関わるのが、下関の桜山招魂社であった。桜山の招魂場自体は元治元年（1864）に工事を終えていたが、社殿が完成したことで慶応元年（1865）8月6日に青山が出向いて奇兵隊士たちの霊を祀る招魂祭を斎行し、正式に招魂社

慶応元年８月６日に創祀された下関の桜山招魂社
（正面中央が吉田松陰の招魂碑）

として創祀されるのだ。

現在の桜山神社には「吉田松陰先生神霊」と刻まれた招魂碑を中心に、向かって右に「高杉晋作春風神霊」、左に「久坂義助通武神霊」の招魂碑が立ち、以下、身分に関わりなく同じ規格の招魂碑３９６柱が並んでいる。『定本　奇兵隊日記　上』には８月４日に「青山上総来候事」と見えるので、２日前に下関におもむき、招魂祭の準備に入っていたことがわかる。

詳細は「白石正一郎日記」に見える。現代語に訳せば、８月６日は下関の吉田に陣を張っていた奇兵隊が、社殿の落成した桜山招魂場に出張した日であった。時を同じくして山県狂介（有朋）と三好軍太郎が阿弥陀寺（現・赤間神宮）におもむき、青山上総介が白石邸で招魂祭用の祝詞を書いている。そのうちに大賀幾介が来たので、白石正一郎は昼食を早めにすませ、桜山招魂場に向かった。奇兵隊もまた吉田の陣を出発し、五軒屋で休息をとると、隊を整えて桜山招魂場に向かう。続いて青山と白石、大賀、長野与太郎、そして社人2人が桜山招魂場に完成したばかりの社殿に入り、白石は奇兵隊惣管の所に行って祝詞を確認し、高杉晋作から借りた鎧直垂《よろいひたたれ》姿で惣管に代わって献供した。大賀と長岡（奇兵隊士の長岡与吉か）が献供官で、青山が祝詞師の役。大祭（招魂祭）が終わると奇兵隊は阿弥陀寺へ引き上げる。白石と青山、大賀は夕方に帰宅し、夕方、皆で酒を酌み交わしているときに服部良輔（吉敷毛利家の漢学者）や山下七三郎も来たという。

以上が「白石正一郎日記」の概略であるが、『高杉晋作全集 下巻』（「詩歌」）は、「八月六日、招魂場祭事、興奇兵隊諸士謁之、此日軍装行軍、如出陣」と題して、当日の高杉晋作の漢詩を以下のように紹介している。

猛烈の奇兵　何の志す所ぞ　一死を将《も》って邦家に報いんと要す　欣《よろこ》ぶべし名遂《なと》げ功成《こうな》るの後
共に招魂場の花と作《な》らん

奇兵隊の創設者と評された高杉晋作と、そのスポンサーと評された白石正一郎が主導した桜山招魂社の誕生は、大々的な討幕の意思表示となる。この歴史的プロパガンダとしての招魂祭に青山が首を突っ込んだ背景には、宇部の福原越後の合祀（招魂祭）の影響がうかがわれる。

宇部維新招魂社、すなわち現在の宇部護国神社の境内に鎮座する西村友信（※22）の歌碑の裏には、福原越後自刃に前後して奇兵隊に入隊した宇部の家臣が12人、阿武郡《あぶぐん》生雲《いくも》（現・山口市阿東生雲）の家臣が5人、計17人の名が刻まれている。筆頭の「山崎彦右衛門　彰信」が宇部における奇兵隊入隊の中心人物である。明治22年に初代宇部村長になった山崎俊蔵の父・山崎彦右衛門（山崎半治）で、『奇兵隊日記』には馬屋原彦右衛門の変名で登場する宇部士族である。『宇部郷土史話』によれば、禁門の変の失敗を知った山崎が、同志の滝原勉《つとめ》や神田久米作たちを誘って奇兵隊に入隊し、幕府と戦うつもりだったとある。そしてこれ以後、続々と福原家臣が奇兵隊に入隊していくのである。

　実際、琴崎八幡宮に福原越後が合祀される前の慶応元年（１８６５）２月４日の『定本　奇兵隊日記　上』にも馬屋原彦右衛門の名が見える。あるいは4月27日にも「馬屋原彦右衛門帰陣之事」と確認できる。馬屋原こと山崎は、そのころ早くも奇兵隊に所属していたのである。続いて福原家の跡継ぎとなった福原芳山（駒之進）が5月8日に山口を発ち、「宇部え御引越」（『林勇蔵日記』）している。宇部に戻ったのは、５月16日の琴崎八幡宮での招魂祭に向けての準備であろう。同様に5月10日の『定本　奇兵隊日記　上』には、「岩城謙之助・楠江卯一郎（※23）・柏村晋・下瀬安之助（※24）・中島九郎・有馬清右衛門・馬屋原彦右衛門、明日より帰省候事」と見える。山崎を含む福原家臣の奇兵隊士たちも宇部に「帰省」しているのだ。その後、全員で琴崎八幡宮での福原越後の招魂祭に参列したであろうことは容易に想像がつく。

　青山の名が『定本　奇兵隊日記　上』に登場するのは、桜山招魂場での招魂祭２日前の８月４

日が最初である。青山は宇部での福原越後の招魂祭に参列した山崎ら奇兵隊メンバーたちに請われて、桜山招魂場に向かったのであろう。その後は、「白石正一郎日記」から、10月20日に青山が白石正一郎邸に来ていることがわかる。続いて25日に「昼過より招魂場にて吉田先生の祭執行」と見え、高杉晋作、山県狂介（有朋）、福田良助、伊藤俊輔（博文）、そして白石正一郎たちが集まり、青山の招魂祭によって吉田松陰が合祀されていた。京都蹴上での慰霊祭から3年目を迎え、悲願の松陰の神霊の合祀が桜山招魂社において実現できたのだ。以後、長州藩には続々と招魂場が設立され、慶応４年（明治元年）までに18社に増える（『もりのしげり』）。

桜山招魂社の創祀と並行して、討幕用の武器調達にも目途がついていたことも見ておきたい。イギリス帰りの井上馨と伊藤博文が長崎のグラバー商会を通じ、最新の西洋式ライフル銃の購入を成功させたのが慶応元年（１８６５）７月から８月にかけてであった。それから半年後の慶応２年１月20日に「薩長同盟」が成立し、３月には幕府との交戦プロパガンダの書『長防臣民合議書』を長州藩がばらまく。続いて４月には福原家を継いだ福原芳山が「先考報恩覚悟の状」を書いて「先考」の福原越後の名誉挽回を語り、６月に幕府軍との全面戦争である四境戦争に突入する。

無論こうした討幕運動と合わせて長州藩では招魂祭が斎行されるが、こうした討幕史の総決算として長州派が主導して明治２年６月に東京招魂社が創祀され、10年後に神社形式の「靖国神社」としてリニューアルされるのである。そしてこのとき、青山清（上総介）が靖国神社の初代宮司となったのである。

井上馨と青山大宮司家

青山上総介の息子は青山春木である。彼の姉・ツルが旧萩藩士の岩崎信一に嫁して、明治15年に生まれたのが筆者の曽祖母・野村ヒサであった。ヒサは早世した叔父の春木を「たいそうな美男子」と語っていた。靖国神社に残る「青山清の履歴」に、「明治四年八月二十二日補兵部省十一等出仕招魂社祭事掛」と見えるので、青山上総介は廃藩置県後に上京して東京招魂社の祭事掛（事実上の宮司）となり、清と名を改めたようだ。そして明治12年6月に靖国神社に改称されると、そのまま初代宮司にスライドした。一方で、山口県に残された青山一族の系譜は近代史の闇に放られたままとなった。

萩城跡から約３・２キロメートル南東の茶臼山北東麓に鎮座する椿八幡宮が、かつて青山上総介が大宮司を務めた神社であり、今でも毛利家との関係を彷彿とさせる「一文字に三つ星」（毛利家の家紋）が拝殿の屋根瓦に刻まれている。入口の石鳥居の足に「防長国主　大江吉元」と「享保六年」と刻まれているのは、萩の明倫館を創設した5代藩主の毛利吉元が享保6年（１７２１）に寄進した華表である。今では、そこから外は住宅地になっているが、かつては広大な境内があったことが、天保年間（１８３０～43年）に藩士の木梨恒充が描いた椿八幡宮の鳥瞰図（『八江萩《やえはぎ》名所図絵《めいしょずえ》　二』所収）によってわかる。現在、椿八幡宮の拝殿に掲げられている境内図は、これを彩色した複製で、おそらく氏子が作ったものだろう。面白いのは「本殿」や「拝殿」に向かう途中に桜に囲まれた「神主」の邸宅が見えることだ。青山上総介は第8代の青山駿河守（通称・長宗）と千世（長沼八郎右衛門の長女）の長男として、文化12年（1815）5月28日に、ここで生まれていた。

もっとも青山家が最初から萩の椿八幡宮の大宮司家であったわけでない。「椿大宮司家系図」（山口県文書館蔵『四社略系　全』）に見えるように、前身の祇園社の神主家は椿氏で、仁治4年（1243）に鎌倉の鶴岡八幡宮から勧請して椿八幡宮が創建されてからは、伊桑家が大宮司となる。その後、「藝州」の「高田郡土師村高枚大明神之神主」だった「青山左近藤原元親」が「慶長五年」に長州入りしてから、青山大宮司家になったのだ（『椿八幡宮御由緒旧記　本社寶物之一』（以下『椿八幡宮御由緒旧記』と略す）。安芸国土師村の高杉大明神の神主だった青山左近（元親）が長州入りしたのは、慶長5年（1600）9月に関ヶ原の戦いで西軍が敗れたからである。靖国神社初代宮司となった青山清（上総介）は、そこから数えて9代目だった。

芸州時代に青山左近（元親）が神主を務めた高杉大明神も、高杉神社の名で現存している。椿八幡宮近くの青山大宮司家墓所「大夫塚《たゆうづか》」の移転問題が起きたとき（平成19年秋）、広島の青山幹生氏（昭和9年生まれ、令和元年10月没）と隆生氏（昭和20年生まれ）の兄弟と出会ったことで、それが明らかとなった。2人は広島県安芸に居を構えていた土師青山家の子孫で、毛利元就の郡山城（安芸国高田郡吉田荘）から12キロほど南西の土師に300年以上続く家屋（高田市八千代町土師）で生まれていた。近くには青山一族だけを氏子とする高杉神社が鎮座していた。そして昭和34年11月に、2人の父であった青山藤登氏（土師青山家14代）が「青山左近守の四百年祭」を斎行していたが、実に、この「青山左近」こそが、関ヶ原の敗戦で毛利輝元に従い長州入りした青山元親であったのだ。

ダム移転直前の高杉神社（青山幹生蔵）

青山さん兄弟は四百年祭をきっかけに家系調査に着手し、時を同じくして浮上した土師ダム建設計画の進展により、家屋も高杉神社も水没することになるのである。結局、屋敷は壊され、高杉神社はダム湖畔の円通山神社境内に移築再建されたが、ダムに沈む直前の昭和42年に武蔵野美術大学教授だった宮本常一（本人は入院中だった）の調査団が入り、青山さんたちの家を調査していた。その報告書が平成23年に『ダムに沈んだ村の民具と生活』（八坂書房）として出版されている。

屋敷は失われたが、土師青山家には「文政十一年九月二十九日朝」付の「高田郡土師村宮司由緒之事」が残されており、次の文面が確認できる。

抑《そもそも》永禄・元亀之頃、當村に青山左近正と言神職之人

有之候事、村老の言傳へにもありて皆しる所也。予が八代之祖井上左衛門三郎、彼左近正之息女を娶し事予が家系ニあり。今に至て當村之神役勤る事、此縁ニ依ての事なるべし。

一、長門国萩之城下椿八幡宮の宮つかさに青山攝津守と言人《いうひと》文化之頃ニありて、既ニ吉田祇園社神主波多野加賀守殿萩へ下向之頃、攝津守と對話ありて、高杉社之事共尋《ことどもたずね》られしとなり。是《これ》青山左近正後裔ニして、其のはじめ當村より引越れしものなり。右攝津守文政之初頃故人になられし事、彼国人より承りぬ。今ハ其息駿河守と承りおよび候訖　文政十一年子九月廿九日朝　井上薩摩守誌置。

これは安芸国山県郡壬生《みぶ》村の神主・井上薩摩守頼定（井上頼定）が文政11年（１８２８）9月29日の朝、宿所である土師青山家において「青山左近正」こと青山元親に関することを記した内容である。ところで、この古文書の解読を進めるうちに、文面に見える「青山左近正」（青山元親）の娘が嫁した井上頼定より8代前の祖先・井上左衛門三郎（清勝）の家も土師の近くに現存していたことがわかった。広島県山県郡北広島町壬生の井上就吉氏（昭和2年生まれ）のお宅（壬生井上家）である。一方で、高杉神社の社掌であった河野正輌が明治36年に記した「無格社高杉神社御由緒調査書」（円通山神社社務所蔵『円通山神社記録綴　二』）も見つかり、長州入りした青山元親以後の高杉神社の神主の流れが、以下のように確認できた。

永禄元亀年中　青山左近正／次ニ　井上左衛門三郎　是ヨリ五代井上家不詳／寛文年中　井上和泉守／寛政年中　井上大和守／文政年中　井上薩摩守／明治五年十一月マデ　井上頼壽／明治六年十二月ヨリ　河野光雄／明治十年十一月ヨリ　河野正鞆

こうして青山元親が長州萩の椿八幡宮の大宮司になったことで、娘を嫁に出した井上左衛門（清勝）を、高杉神社の宮司として継がせていたことがわかったのである。

そこで青山さんご兄弟と壬生の井上就吉氏の家を訪ねて、巻物状の「井上之系図」を見せていただき、驚くべきことが判明するのである。天文19年（1550）の毛利元就による井上元兼以下の誅殺を免れた元兼の父・光兼の弟である光貞が生き残り、長州入りしていたからだ。そこで山口県に戻った後、山口市歴史民俗資料館所蔵の「井上之系図」（「馨親会」作成）と照らしあわせると、井上光貞の子孫の一人が初代外務大臣の井上馨だったことがわかったのである。

青山大宮司家は安芸時代には井上侯爵家のルーツとつながっており、維新後に靖国神社の初代宮司となった青山清（上総介）と井上馨は遠縁同士であったのである。

註

※1　「椿社記幷御判物写」（山口県文書館蔵）の平野大明神の翻刻全文は以下である。「平野大明神　稲荷相殿／右江家御氏神也、是ニ依テ御當家ニ於テ鎌倉以来御崇敬有テ青山家へ預ラレ、青山元親芸州ヨリ

御當地へ供奉シ當社大宮司トナシ玉フ、右稲荷ノ社内ニ鎮座セシメ御印箱霊宝等奉納セシム、是ニ依テ御代々年始或御祝日御身代ニシテ拝供シ供物献シ来レリ、祭祀ハ寛永ノ比ヨリ懈怠ス、寛永ノ初ツカタ迄ハ正月三日毎朔十五日二十八日五節句等祭祀行ハル由家記ニ見ヘタリ」。なお、『防長寺社由来　第六巻』や『防長風土注進案　當島宰判』にも同様の「平野大明神　稲荷相殿」の記録が確認できる。

※2　『八江萩名所図絵　一』の春日社の祭神「大宮八幡宮」に、「此大宮社ハ洞春公御軍神にて安芸国中麻原にありしを慶長年間当所へ遷し奉まつり」と見える。「洞春公」とは戦国時代に安芸の一領主から中国地方全域を支配した毛利元就のこと。

※3　『四社略系　全』の青山元親の箇所に、「小南宮内、青山左近元親両人ヲ被遣候而四神相応之地ヲ見立、則地鎮祭事執行仕候上、御城之普請被仰付」と見える。『防長風土注進案　当島宰判』は、「慶長五子の冬」のこととして萩城を造営する際、奉幣使として青山元親（椿八幡宮大宮司）と小南元重（小南宮内、春日神社大宮司）を立ち会わせ、居城の地形を青山に考えさせ、城の真南が椿山なので椿八幡宮を「第一の守護神」としたと見える。これは『椿社記幷御判物写』（山口県文書館蔵）を引用したものと思われるが、実際には慶長5年はいまだ萩城の築城が決まっておらず、内容は築城がはじまる慶長9年3月ごろのことであろう。

※4　山口県文書館蔵の『御霊社山口ヱ御遷宮並椿社内ヱ仮御遷座一件』（毛利家文庫）や『忠正公伝』「第一五編　第四章　第七節　山口遷移　第二項　霊社の遷座」（『両公伝史料』）。

※5　『山口県史　史料編　幕末維新6』に、慶応元年2月24日付の毛利敬親と毛利元徳の「御告文」（「御

意書並びに毛利敬親・元徳御告文の事」）が所収されている。ここで敬親は、「元治二年乙丑二月某日、裔孫敬親恭しく霊社四公の霊に告く」とし、「維新の政を敷き、重て上下一和を謀り永く社稷の全を求めるため、「神助を仰く」と述べている。

※6　『忠正公伝』第一五編、第四章、第三節「復古局の設置」（山口県文書館蔵）。

※7　『山口県教育史』（197ページ）によれば、「編輯局は、文久三（1863）年七月五日に山口講習堂に開設した復古方を母体とし、同年十二月二十五日に萩の編輯局を合併して山口明倫館の付属となった」としている。

※8　『靖国の源流　初代宮司・青山清の軌跡』、98ページ。

※9　文久3年の「八月一八日の政変」で長州に下った7人の公卿のこと。

※10　禁門の変の本質が、長州藩兵が孝明天皇を山口城に連れて来ようとした行動であったことは、『新選組戦場日記』の「元治元子年六月六日之事」の記述などからわかる。

※11　履歴は『松下村塾の明治維新』、262〜265ページ参照。

※12　『明治維新人名辞典』より。

※13　常磐共有墓地（水戸市松本町）と酒門共有墓地（水戸市酒門町）の2カ所が現在も残っている。

※14　『常栄寺史料』には、「国事に奔走中の十三世祖溟和尚が過激派のために門前に暗殺されるという事件が起こった」とボカシて書かれている。

※15　昭和16年7月1日付『大宇部』（「紙上郷土博物館一」の「一、楠公遺訓の歌を彫った板」）。

※16　『真木和泉守と日本精神』（尊攘堂講演速記第二号）、67ページ。

※17　七卿のうち沢宣嘉は文久3年10月に生野の変に参加して不在で、錦小路頼徳は元治元年（1864）4月に下関で病死していた。

※18　『現代防長人物史（天）』「堀栄一君」の項。

※19　『靖国の源流　初代宮司・青山清の軌跡』、98ページ。

※20　堅田信義は『防長回天史』などには堅田大和の名でたびたび登場する。嘉永3年（1850）に寄組の高洲就忠の五男として生まれ、翌年寄組の堅田宇右衛門就正の養子となった。明治元年に福山城を攻略し、明治4年にアメリカ留学。帰朝後、工部大学や山口高等学校で教鞭をとった。大正8年没。

※21　山田稔「奇兵隊の軍服と袖印　奇兵隊士元森熊次郎資料」（『山口県立山口博物館研究報告　第四四号』2018年3月）。

※22　幕末から明治にかけて知られた宇部の歌人。庄屋の家柄だったが、後に士分にとりたてられて七右衛門を名乗った。

※23　「楠上宇一」と変名していた久保田宇一のことと思われる。宇一は萩にいた福原家に仕えた画工・久保田寅彦の子。幕末に奇兵隊に入った（『復刻　宇部先輩列伝』）。

※24　宇部護国神社の西村友信歌碑に刻まれた「下瀬安吉　善秀」のことと思われる。

第2章　伝統と革命

吉田初三郎筆「名勝萩と長門峡之図」（昭和７年）
に描かれた椿八幡宮（中央右、萩博物館蔵）

藩政期の椿八幡宮

青山隆生氏の案内で、東京都文京区千駄木の青山本家を訪ねたのは平成29年4月のことであった。若いころから土師青山家の家系調査をしていた隆生氏は、平成6年6月に『土師青山氏系図解説』30冊を手作りで完成させ、11月に東京の青山本家を訪ねていた。それから20年以上が経ち、山口県側の子孫縁者のひとりである筆者を案内した形である。

ここで東京の青山本家について少し解説すれば、靖国神社初代宮司になった青山清は、70歳になる明治18年に東京で出会った21歳の「よう」を後妻に迎え、数え73歳（明治20年）で七十三郎《なとみろう》を、同じく76歳（明治23年）で七十六郎《なとむろう》を授かり、翌明治24年2月6日、奉職中に77歳で死去した。清の墓は東京の青山本家の子孫によって青山霊園に建てられている。2月8日付の『読売新聞』には清の母方子孫の長沼鯁介《こうすけ》、そして清と前妻・増子（山口県士族勝木新介の次女）の娘・ツルの長男であった岩崎傳槌《でんつち》ら、2人の山口県側「親族」が中心となって葬儀を行うという訃報記事が見える。

従って東京青山本家とは、晩年の青山清と若き後妻との間に生まれた七十三郎の家であるのだが、彼は大正8年に32歳で死去し、弟の七十六郎が清の遺品を継いだ。ところがその七十六郎の長男・青山正樹氏も他界し、現在は娘である山口佳代子さんが遺品の管理をしている。そこで子孫縁者の間では、山口さんの家を便宜上「東京青山本家」と呼ぶことにしている。

「やっぱりどこか似てますねえ」

山口佳代子さんに会うなり、筆者はそう声をかけた。青山正樹さんの顔写真も、それから山口佳代子さん自身も丸顔で、山口県側に残った孫娘・ヒサに似ていたからだ。

「山口県側のご子孫とお会いできて、曽祖父も大変喜んでいると思います」

そう口にしながら山口さんは、青山清の御神体「従七位青山清霊璽」や「青山家歴代霊神号」「駿河守従五位青山長宗命霊璽」「日下部醜経大人命より拾代之祖等神霊代」「青山家女祖等之神霊代」「青山家女祖等の戒名」などをテーブルに広げて見せてくれた。また明治14年に85歳を迎えた母・千世の祝いで青山清が讃を書き、奇兵隊出身で陸軍大佐の滋野清彦が画を描いた軸も披露してくれた。讃は漢文だが、読み下せば次のようになる。

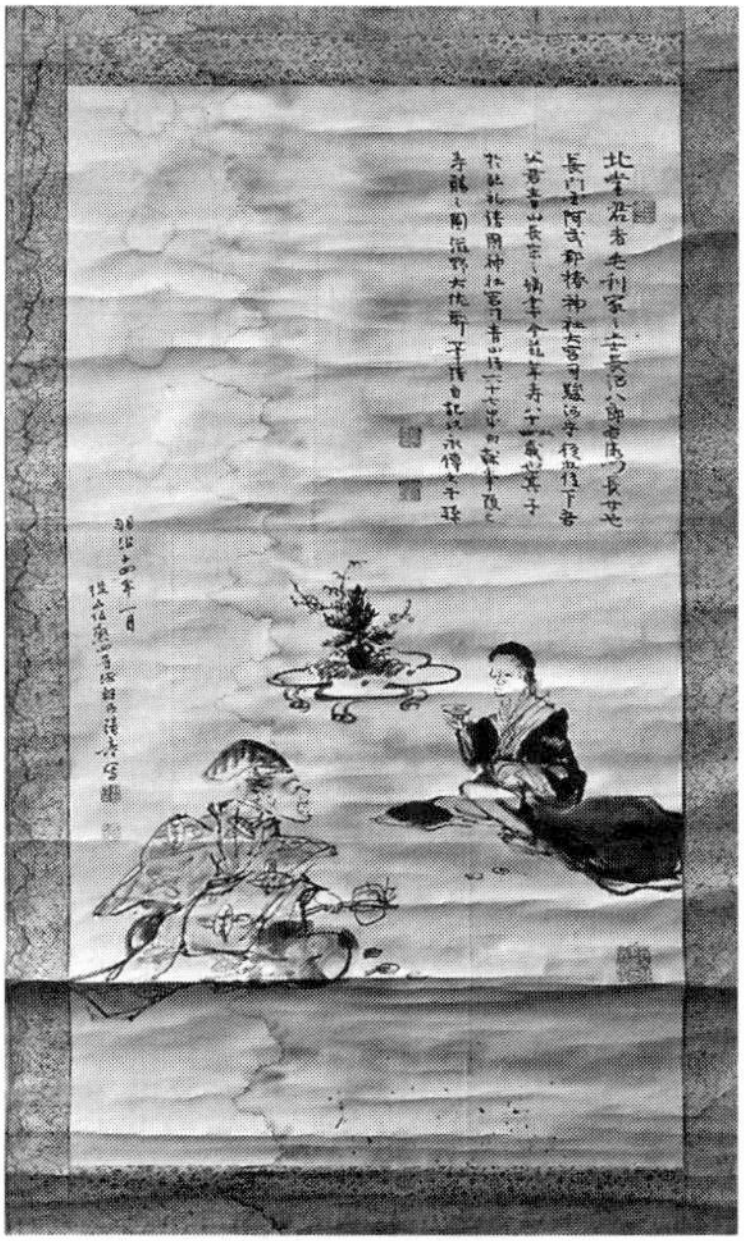

85歳の母の祝賀で青山清が讃を書いた掛軸
（東京青山本家蔵）

北堂《ほくどう》の君（千世）は毛利家の上士、長沼八郎右衛門の長女なり。長門の国阿武郡椿神社大宮司、駿河守従五位下、吾が父君青山長宗の嫡妻《ちゃくさい》にして、今茲に年寿は八十五歳なり。其の子おのれ靖国神社宮司青山清は六十七歳にして、季預の寿觴《じゅしょう》の圖《ず》を献ず。滋野大佐の酔筆と清の自記を以て永く之《これ》を子孫に傳《つた》んとす。明治十四年一月　従五位勲四等源朝臣清彦寫す。

軸に描かれている右斜め上の女が85歳の母千世で、左下の烏帽子直垂姿の男が67歳の青山清であろう。軸に見えるシミは、大東亜戦争で焼け残ったことを示していた。

その後、山口県萩市に残る青山家大宮司家の墓所「大夫塚」の話題になった。椿八幡宮から5～6分歩いて山に入ったところの竹林とシダの茂る歴代宮司の墓所である。本項では、この「大夫塚」にまつわる話を、順序立てて見ておこう。

まず、「大夫塚」には八角形の2基の墓石が鎮座していた。この奇妙な形の墓の側面に、歴代宮司の霊神号が刻まれているのである。

詳しくは後述するが（119ページ）、たとえばひとつ目の八角形墓には第3代の青山宗久、第6代の青山直賢、第8代の青山長宗の3柱が刻まれ、もう1基には第4代の青山宗直と、第7代の青山忠雄の2柱が刻まれている。

招魂碑形式の神道墓も1基あり、正面に「青山春木之墓」、向かって左面に「青山清嫡子」、向かって右面に「明治六癸酉年十二月二日　於東京死　享年廿三《にじゅうさん》歳」と刻まれている。それは筆者の曽祖母ヒサが「たいそうな美男子」と語っていた第10代宮司・青山春木（青山清の息子）の墓であった。「大夫塚」にはこうした墓石のほかに、宮司の妻や夭折した子供とおぼしき自然石の墓石もあり、現在はそのすべてを山の下の塩見久浩氏（故人）宅（※1）の敷地内に移転している。

移転の理由は、平成23年開催の山口国体に関連した土木工事で、萩―三隅間を結ぶ山陰道（国道191号）が墓所の上を通ることになったからだった。山口県や広島県の青山家子孫縁者たちが東京青山本家協力のもと、大夫塚を塩見家敷地内に移転し、そこに新たな墓誌を建てた。子孫縁者が参列しての移転奉告祭と慰霊祭は、青山家分流の鶴江神明宮の高田勝彦宮司が斎主となって、平成20年3月25日に斎行された。

すでに見たように、青山大宮司家初代・青山元親は、元は毛利輝元の祖父である毛利元就に召し抱えられていた安芸国土師村・高杉神社の神主だった。元就の出馬のたびにお供を命ぜられて、陣所でも祈祷する役目を担い（山口県文書館蔵『四社略系　全』「椿大宮司系図」）、輝元の長州入りに随行して毛利家の氏神・平野大明神を椿八幡宮の境内社である稲荷社に祀るため、青山大宮司家を打ち立てた当事者である。

そこで初代から第10代までの大宮司を①から⑩の番号を付けて示しておこう。参照した資料は、大夫塚の墓と山口県文書館所蔵の「椿大宮司家系図」（『四社略系　全』）、同『委心帳』、および東京青山本家に遺る「青山家歴代神霊号」などである。日付は神去《しんきょ》（死去）の年月日で、【　】は墓所の場所となる。

①青山元親（左近）、元和9年（1623）9月6日【不明】

②青山宗勝（市之助・市助・大炊助・権少輔藤原宗勝）、寛文7年（1667）4月25日【不明】
③青山宗久（正六位左近衛将監・信濃守・縫殿助・縫之助）、元禄9年（1698）11月8日【萩の大夫塚】
④青山宗直（左京亮・佐渡守）、享保18年（1733）4月25日【萩の大夫塚】
⑤青山敬光（権少輔）、明和8年（1771）5月2日【不明】
⑥青山直賢（蔵人）、寛政3年（1791）正月13日【萩の大夫塚】
⑦青山雄忠（縫殿・攝津守）、文化13年（1816）閏8月18日【萩の大夫塚】
⑧青山長宗（駿河守）、天保12年（1841）10月17日【萩の大夫塚】
⑨青山清（上総介・上総・一介・清）、明治24年2月6日【東京都港区立青山霊園】
⑩青山春木（武主）、明治6年12月2日【萩の大夫塚】

毛利家と青山大宮司家との関わりについて①青山元親から見ていくと、慶長12年（1607）5月26日に椿八幡宮神田15石をもらい、8月22日に正式に椿村を神領として授けられていた。また慶長15年7月7日に下徳地庄方村に7石（※2）を与えられてもいる（『山口県史　史料編近世1上』「毛利三代実録」）。「庄方村」は現在の山口市徳地堀の上庄方と下庄方のあたり一帯で、田んぼの中に鎮座する庄方社が、かつての周防二の宮、すなわち現在の出雲神社（徳地堀）がもともとあった場所だという。第15代宮司の金子正直氏（昭和11年生まれ）の話では、庄方は二の宮の荘園があった場所で、毛利家の時代から萩本藩の直轄地になったそうだ。その関係から、萩の青山元親にも7石あまりが与えられたのであろう。

②青山宗勝に関しては、毛利輝元の長男で初代長州藩主の毛利秀就が9月の御祭礼の流鏑馬《やぶさめ》をたびたび見学し、大宮司家屋敷をも頻繁に訪れていたと「椿大宮司家系図」が記している。また毛利秀就から宗勝が装束をもらっていたことも『椿八幡宮御由緒旧記』に見える。さらに元和6年（1615）、萩に伊予八幡宮が創建された際、「其節伊予為二御迎一椿八幡宮青山市之助と申者ニ差越」（『諸事少々控』）（※3）とあり、一時的に伊予八幡宮の初代宮司も兼任していた。③青山宗久も「椿大宮司家系図」に、毛利秀就から装束などを拝領していたとある。

しかし藩主からのこうした拝領物は、今の椿八幡宮には残されていない。理由は、明治9年の萩の乱で、社殿そのほかが焼失したからだそうだ（※4）。昭和に総理大臣となる田中義一は、そのころ少年ながら前原党（反乱軍）に加わり、「椿八幡宮附近の戦線に参加した」と『田中義一伝記　上巻』は伝えている。恐らく社殿はそのとき焼けたのであろう。難を逃れた『椿八幡宮御由緒旧記』には江戸時代の神宝として、玉井清貞作の太刀1振、河内大椽重貞作の太刀4振、長刀1振、古具足といった武具類をはじめ、八幡縁記（2巻）や神掛物（64幅）、神輿（3基）、獅子頭（1個）などがあったと記されている。しかし、繰り返すようにそれらはすべて失われている。なお、『明治二十八年　古社寺取調書　阿武郡』（山口県文書館蔵）には椿八幡宮の拝殿と神饌所が明治9年、宝庫が明治11年、神殿と幣殿が明治13年に建て直されたとある。

一方で「大夫塚」の移転奉告祭をした鶴江神明宮（藩政期は鶴江神明社）の高田勝彦宮司の家系は、⑤青山敬光から分かれた社家である。大夫塚の2基の八角形墓に青山敬光の名は見えないが、もしかすると高田宮司家に墓があるのかもしれない。青山敬光は享保8年（1723）4月7日に鶴江山で遷宮祭を行い、萩市椿東に鎮座する萩鶴江神明社を創建していた（※5）。高田宮司家では初代を後継の「高田数馬藤原重次」としている。

④青山宗直については元禄11年（1698）9月26日に萩の松本川にかかる松本橋が竣工したときの開通式で、「渡り初めは椿八幡宮の社人青山左京が行った」と『萩市史　第一巻』（「四代吉広の治世」）が記す。青山左京とはすなわち青山宗直のことである。それから22年が過ぎた享保5年（1720）11月11日に、萩の奥金谷《かなや》から現在地の濁淵に金谷《かなたに》天神社（現・金谷天満宮）が遷宮した際、翌12日に「青山左京らによって神楽が奉納され」たと同書（「五代吉元の治世」）は続けている。別に鶴江神明社の遷宮祭で詠んだ遷宮祝詞も高田宮司家に残されていたが、平成21年2月2日の社殿が火災になり消失した（※6、筆者の手元には焼失前に青山隆生氏が撮影した写真のみが残る）。鶴江神明社は3代藩主・毛利吉就と9代藩主・毛利斎房の氏神でもある（同前「八代治親の治世」）。

高田宮司家について補足すれば、第5代の高田勝範（頁）が藩の事業であった姥倉《うばくら》運河の開削鍬初め式を嘉永5年（1852）11月18日に鶴江神明社で行っていた（山口県文書館蔵『忠正公伝』「第九編　第一章　姥倉開鑿の起工と其竣工」）。天保7年（1836）年6月の大洪水で萩城下の3分の2が水没し、嘉永3年（1850）の6月と8月にも水害被害が出たことで、松本川河口右岸の鶴江台に鎮座する鶴江神明社の南東部から北東方向の萩漁港まで、幅30メートル弱、約800メートルの長さにわたって掘削し、水深3メートルの運河を造ったのだ。この工事中の様子は毛利博物館（防府市）に所蔵される、幕末に描かれた「萩両大川辺・奈古屋島辺之図」で見ることができる。現在、萩市の「道の駅　萩しーまーと」側からながめた風景と比較するとよくわかる。

その姥倉運河の掘削工事がほぼ完了した安政2年（1855）6月3日に二百五十石船を「試運航」させて問題なかったので、6月5日に毛利筑前（防長仕置役）が「開鑿成就検分」することになり、椿八幡宮大宮司（青山上総介）を船に乗せて航行安全の祈願を行った。船に祭壇を設けて「初穂、白木樽一荷、するめ五連、昆布五連、菓子、鏡餅」などを備え、青山が祝詞をあげながら姥倉運河を航行したのだ。今では姥倉運河でとれるシロウオは萩の春の名物だが、これも運河開削を指揮した第13代藩主・毛利敬親の功績を今に伝えるものである。

そもそも毛利敬親は天保8年（1837）4月に毛利斉熙《なりひろ》の後を継ぐと、翌天保9年閏4月26日には江戸城から萩に到着し、5月1日に椿八幡宮と神鶴江神明社（現・鶴江神明宮）に参拝していた。儀衛《ぎえい》を従え、椿八幡宮境内に設けられた鶴江神明社の遥拝所に、梅色の直垂、高重《たかがさね》袷《あわせ》、胴衣《どうい》の白服で、白綾《しらあや》の帯を結び、紫組掛《むらさきくみかけ》の烏帽子をかぶり、大小および三原正家の細刀（備後の名刀）を携え、延吉の銘のある鞘巻太刀《さやまきたち》を執り、徒士1人に太刀箱を護らせて正式参拝したと記録にはある。敬親が鶴江神明社へ「初穂　銀一枚　神楽銭一貫二百匁」を供え、また椿八幡宮には「初穂　銀二両」を供えると、最晩年の青山長宗（清の父）も新たな藩主を迎えるための祝詞を捧げた（『忠正公伝』「第三編　第三章　第二節　第三項　入場後の諸儀〔其二〕」）。それから14年が過ぎたときに毛利敬親が姥倉運河の開削に着手し、17年後に完成したのである。

　現在、椿八幡宮に残る藩政期のものは、毎年秋の御神幸に出されていた長さ約2メートルの祭祀用の宝刀くらいしか残ってない。「なかご」と呼ばれる柄の心部に「延宝七年正月　玉井市祐清定　七十四歳」と刻まれているが、寛文7年（１６７７）に②青山宗勝が死去した12年後なので、③青山宗久の時代に奉納されたものだろう。玉井清定の銘を刻んだこの宝刀は、仁王清定の作ということになろう。長府博物館によると元禄から正徳にかけて（１６８８～１７１５）、仁王派の刀鍛冶・玉井家は萩から長府に移ったとのことで、その後の仁王方清の刀が、長府では一番古いだろうとのことであった（※7）。そうであるなら椿八幡宮の宝刀は、萩での仁王派の痕跡を今に伝える貴重な文化財である。

　安政5年（１８５８）ごろに藩の絵師・大庭学僊の描いた「鸞輿《らんよ》巡幸図《じゅんこうず》」（萩博物館蔵）にも、この宝刀が描かれている。椿八幡宮、春日神社、金谷天満宮、住吉神社などの祭礼御神幸を1枚の絵に収めた想定図で、椿八幡宮の御神幸の行列に描かれた3台の神輿のうち、1番目と2番目の間に長い刀を肩に担ぐ男が見える。宝刀柄の心部の裏には、「八幡大神宮奉納之所願成就皆令満足再拝」と刻まれているが、「皆令満足」とは仏が慈悲で衆生の願いを満足させる意味で、神仏習合の影響もうかがわれる。
別に刀箱も残されていて、上蓋に「八幡宮御太刀　宝永元年九月十一日」、側面に「大宮司青山縫殿助　宝永元甲申歳　九月十一日」との墨書が確認できる。青山縫殿助は③青山宗久のことであるが、元禄9年（1698）に死去しているので、宝永元年（1704）は没して6年後になる。宝刀が製作された延宝7年より25年後なので、その時代にもう1本、別の太刀が奉納された際の刀箱か、あるいは修理などで刀箱だけ新調したかのいずれかであろう。側面には「奉寄進」として「宝剣　玉井市之祐」と墨書があるが、74歳で宝刀を作った「玉井市祐　清定」が24年後も存命とは考えにくい。「玉井市之祐」は後継ぎか、同一人物なら修理に際して刀箱を新調して記録し直したのかもしれない。面白いのが、刀箱の側面に墨書されていた以下の職人名と彼らが担当したパーツの列記である。以下に転載しておく。

【磨】賀来伝之祐　同　弾右衛門　弟子　瀬川作兵衛　【金具】金子十郎兵衛　同　新三郎　同　忠兵衛　弟子　塩見源右衛門　同　藤井源兵衛　加勢　鳥野正左衛門　【鞘】五十部伝右衛門　同　太郎　【塗】高橋與三右衛門　同　弥三郎　【柄巻】中山喜左衛門　【帯採】石川佐右衛門　【御太刀箱鏁前共】関屋太兵衛　【同角鉄】玉井平右衛門　【同鏁鎰】月行司弥大夫

大ぶりな宝刀は、萩の刀工たちが藩の興隆と家業繁栄を祈念して奉納したものであったようだ。

武の魂を祀る八幡宮から、幕末に招魂祭のリーダーとなる青山上総介が登場したのも何か意味があったように見える。

実はこの宝刀の保存を萩博物館に申し入れたが、刀身に浮き出したサビを理由に断られた。同様に山口県側にも文化財指定を求めたが、価値が定まってないとの理由で同じく却下された。靖国神社の初代宮司を生んだ萩の椿八幡宮は、萩の地名の語源ともなった椿郷（ツバキのツが取れてハギになったと伝えられる）の総鎮守という古い由緒を持ち、さらには維新革命に貢献しながらも、なぜか郷土から忘れ去られた。それは青山清が山口県史から忘却され、歴史の闇に葬られた事実とも妙に重なる。

天皇陵の整備

攘夷を名目にして、長州藩主の毛利敬親が文久3年（1863）4月に山口御茶屋に入ったことで、藩政府が萩から山口に移る山口移鎮がはじまる。そこに新たに築かれたのが、西洋式兵制に対応した山口城（後の山口県庁）であったことはすでに触れた。「山口移鎮記」（『山口市史史料編　近世2』）によれば、7月5日付で青山上総介は中村百合蔵、小倉芳太郎、安部卯吉、斉藤弥九郎、佐甲但馬たちとともに復古方に任命されて、室町期の大内義興以前の「国風振起之趣」の推考や古城跡、古戦場、古人の思想の調査を命じられていた。その目的もまた攘夷のための国学振興だった。

直後に、青山は天野小太郎、三戸詮蔵、佐甲但馬、世良孫槌たちと連名で「神祇道建白書」（山口県文書館蔵『萩藩建白書雑集二』）を藩政府に提出して京都に上るが、この出来事を『防長回天史　四』は7月21日のこととして、「神道の興起《こうき》の旨《むね》を體《たい》し京都に赴き神祭式を集学《しゅうがく》せんことを請《こ》ひ允許《いんきょ》を得て発遣《はっけん》せらる」と記している。恐らく「神祇道建白書」は復古方の仕事の具現であったのだろう。平安時代の神仏習合以来、神社に付属した「別当社僧」たちが「本地垂跡《ほんじすいじゃく》の説」を唱え、「神明を蔑如し、國體を妨げ」ていることを克服するための指南書である。簡単にいえば、長州藩における廃仏棄釈のイデオロギー・テキストだった。

　奇遇にも、仏が仮の姿の神となってこの世に現れるという仏教の「本地垂跡の説」から脱却する意識は、青山大宮司家が初代の青山元親から信奉していた吉田神道の神道第一主義と重なっていた。京都の吉田神社の神道で、そもそもは平安期に神楽岡の吉田山に鎮座した藤原氏の神社として始まる。吉田兼倶が仏教主義的な本地垂迹説を覆す唯一神道を考案したのは応仁の乱のころ（１４６７〜77）で、神道こそが万法の根源であり、仏は日本の神が仮の姿をとっているのだと主張した。明治維新期の神仏分離や廃仏棄釈の淵源ともいえる根本経典『唯一神道名法要集』の成立も、吉田神社の斎場所大元宮《だいげんきゅう》が建立された文明16年（１４８４）前後である。面白いのは、この大元宮が八角形の建物であったことだ。八角形の柱、八角形の礎というふうに「八」の原理で表現された不思議な建物で、その理由を西田長男は「吉田神道における道教的要素」（『神道及び神道史』第一〇号）で、「神道八の数を尊ぶという古儀に則ったものである」と述べている。

こうした八角形の世界観が、吉田兼倶の神道第一主義を再現する青山たちの「神祇道建白書」に見える。「山陵御修補仰せ付けられたく願い奉り候」と同書で述べたのも、天皇陵墓を神道式にリニューアルすることで、仏教と結んだ幕府に代わる新しい国家権力の創出を企てたからだろう。

天皇陵の整備は、約1年前の文久2年（1862）閏8月8日に、下野国《しもつけのくに》宇都宮戸田藩主の戸田越前守忠恕が、幕府に「山陵修補の建白」を提出したことに始まっていた。現在、宮内庁が管理する天皇陵の多くは、宇都宮藩で家老の間瀬《まなせ》和三郎を旧姓の戸田に戻して忠至《ただゆき》と名乗らせ、山陵修補事業の担当にしたことで整備が進み、基礎がつくられたものだ。これを「文久の修陵」と呼ぶが、実態は攘夷の実行を無理と悟った戸田忠至（間瀬和三郎）が代案として「歴代ノ山陵ヲ修補シ尊王ノ徴哀《ちょうあい》ヲ表セントス」と意気込み、山陵修補事業を行ったものであった（外池昇「文久の修陵の発端をめぐる言説について」『調布日本文化』第一二号、二〇〇二年）。

なかでも初代天皇の神武天皇陵（以下「神武陵」と略す）は多額の予算をかけて念入りに整備された。『日本書紀』や『延喜式』に「畝傍山東北陵《うねびやまうしとらのみささぎ》」と記されているのが、現在、奈良県橿原市大久保町に残る神武陵であるが、江戸時代は「ミサンザイ」や「神武田《じぶでん》」と呼ばれていたに過ぎなかった。元禄9年（1696）の序のある松下見林の『前王廟陵記』（『勤王文庫　第三編』）には、「東北の陵は百年ばかり以来壊《こわ》ちて糞田《くそた》と為《な》し、民其田《たみそのた》を呼びて神武田《じぶでん》と字《あざな》す」とあり、牛馬の糞尿を肥料にする「糞田」にまで落ちぶれていた様子がうかがえる。一方で「神武田」として尊崇されていた姿も、延宝3年（1675）の序のある『南都名所集』（10巻9冊）によってわかる。しかし、それも橿原神宮に隣接する周囲100メートル、高さ5・5メートルの堂々たる円丘の現在の威容とは程遠く、地面から顔を出した貧相な岩の前に侍がしゃがみ、手を合わせて拝む牧歌的な光景であった（※8）。

明治の初めころと思われる神武陵の版画『神武天皇御陵略真景』が山口県文書館に保管されており、前述の貧相な墓石に「御陵」との説明が見える。玉垣に囲まれ、正面に鳥居が建つだけなので、以後に手が加えられて豪華絢爛にリニューアルされたのである。

実は神武陵については、江戸時代には別に2つの候補地があった。そのひとつが現在、神武陵の東北方向で第2代・綏靖《すいぜい》天皇陵となっている「塚山」で、もうひとつが畝傍山の東北方向に張り出した「丸山」である。実際には、どれが本物かという学術的決定もされぬまま、宇都宮藩による「文久の修陵」工事が始まり、「糞田」であった神武田が整備され、最終的に文久3年（1863）2月に孝明天皇の「御沙汰」によって神武陵と決定され、同年12月に完成を迎えていた。

平安期以来の「本地垂跡の説」が仏教側のフィクションなら、幕末の神武陵の創設は神道側からのフィクションだったと言えなくもない。いずれにせよ明治維新の震源地となる長州藩へも、糞田から神武陵へのリニューアルが少なからぬ影響を与えており、それが青山上総介たちが「神祇道建白書」で「山陵御修補仰せ付けられたく願い奉り候」と申し入れた結果としての、安徳天皇陵や仲哀天皇殯斂《ひんれん》地《ち》の整備事業へとつながっていた。

このとき青山と「山陵御修補」を手がけたのが洋学者の小野為八だったのも、国学と洋学が融合した山口明倫館の学問体系の投影と感じられる。小野為八については『諸臣事蹟概略』（山口県文書館蔵）が語るように、吉田松陰の「遺弟子」として小野正朝を名乗り、「地雷火十連発ヲ製造」した経験を持つ長州藩の科学者（医者で砲術家）である。小野は元治元年（1864）の禁門の変では毛利元徳の入京に従い、大砲隊を編成して60人あまりの門人とともに従軍していた。また、慶応元年（1865）2月には吉富藤兵衛（吉富簡一）、長松文輔（長松幹）、杉徳輔（杉孫七郎）たちと山口で鴻城隊《こうじょうたい》を編成して井上馨を総督にすえると、自身は再び大砲長として大田、絵堂、佐々並、明木などで戦っていた。さらには慶応2年（1866）7月には、四境戦争の芸州口の戦いに鴻城隊士として出征し、9月には豊前国香春口《かわらぐち》の占領にも力を注いでいた。

こうした「西洋歩兵」主義の華やかな軍歴を持つ小野為八が、長府藩の『毛利家乗　十五』の慶応3年（1867）2月の箇所に、以下のように青山とともに登場するのだ。

「是月《コノツキ》　宗家人《ソウケヒト》ヲ遣《ツカワシ》テ古陵《コリョウ》ノ地《チ》　旧寺《キュウジ》ノ諸文書《ショモンジョ》ヲ探《サグ》ラシム　青山上総《アオヤマカズサ》　小野為八等《オノタメハチラ》来《ク》ル　西市《ニシイチ》ノ月山《ツキヤマ》　赤馬関《アカマガセキ》（※9）ノ阿弥陀寺等《アミダジラ》　皆《ミ》ナ我《ワ》カ管内《カンナイ》ニ在《ア》レハナリ」

ここに見える「西市ノ月山」とは、山口県下関市豊田町の豊田湖畔に円墳として残る安徳天皇西市御陵《にしいちごりょう》墓参考地のことである。壇ノ浦で二位の尼に抱かれて入水した安徳天皇の陵墓の参考地で、宮内庁が指定した昭和3年よりも60年あまりも前に、早くも青山と小野の手で整備事業が始まっていたことになろう。また時を同じくして青山たちが調査に乗り出した「赤馬関ノ阿弥陀寺」とは、下関市阿弥陀寺町の安徳天皇阿弥陀寺陵のことであった。現在の赤間神宮である。

藩政期の阿弥陀寺陵の様子は、文政9年（1826）の2月から3月にかけてシーボルトが1週間ばかり下関に滞在したときの記録『シーボルト「日本」第2巻』で見ることができる。当時は阿弥陀仏をすえた「簡素な木造」の「藁ぶき」屋根の本堂で、「安徳帝をまつる堂、そのほか二つ三つの神社、庫裡、鐘楼、燈籠、記念碑」などが建ち並んでおり、その全景を随行の画家ゲッサイ（Getssai）が描いていた。「安徳天皇を祭る御堂」を目にしたシーボルトは、「官服を着た左右二つの像とともに垂幕のうしろの台上に立っていた七歳の安徳帝の像」があったと語っている。こうした安徳帝像を、幕末に国学者と洋学者の連携で神社形式にリニューアルするのである。

下関入りした青山と小野については、「白石正一郎日記」の慶応3年（1867）3月5日に、「青山上総　小野為八　両人来」と見える。翌6日には白石家祖の作兵衛（純照院）の二百年祭を終えた白石が、今度は青山と小野の宿を自ら訪ねている。7日は白石の誕生日だったので神前にお供えをし、8日は昼過ぎから青山と北川（名は不明）が来て塩定（料亭か）で酒を飲み、9日に青山と北川が引き上げ、12日に大歳神社（下関市竹崎町）での正月のお祭りで、再び青山が白石邸に宿泊して片山貫一郎らと酒を酌み交わしている。片山は白石正一郎の親戚筋で（※10）、慶応2年4月の桜山招魂社での招魂祭を青山と一緒に斎行した人物でもある。

奇兵隊が版元となり慶応2年7月に刊行された『さくら山の哥集』（または『櫻山歌集』）巻末の「長歌並反哥」も、片山高岳こと片山貫一郎が書いている。桜山招魂場の風景画に、谷東行こと高杉晋作の「桜山に詣てゝ」と題する歌が添えられている歌集で、山県千束（有朋）、白石資風（正一郎）、鳥尾敏行（小弥太）、時山養直（直八）、三好成行（軍太郎）、滋野清彦、有馬管道らとともに、青山清（※11）の次の歌も掲載されている。

あふきみよ　さきてちりにし桜山　やまとこゝろの　花のありかを

天皇（大君）と桜山の関係を詠うポエジー（詩情）は、後の靖国神社の桜花を彷彿させるものがある。

再び「白石正一郎日記」に戻れば、慶応3年（１８６７）３月15日に青山が阿弥陀寺から「山稜の図」、すなわち安徳天皇陵墓の図面を整えて夜に白石邸に持って来ていた。『毛利家乗十五』の慶応3年3月2日の条に、「藩内一向宗ノ僧ニ令シテ教戒ノ風ヲ新ニセシム」と見え、浄土真宗の僧侶が「益々貪婪《ドンラン》ニ流ル」ために「僧徒ヲ戒メ」たとある。仏教から国学や神道へのシフトは、仏教僧侶の堕落や退廃に抗するように表面化していたのだ。

奇しくも高杉晋作の結核が悪化したのも、同じタイミングだった。白石正一郎が療養先の新地・林算九郎の家に見舞いに行ったのは3月24日である。一方で、26日には白石の父・資陽が死去する。このため28日に片山貫一郎が土地神を祀り、続いて白石正一郎が祝詞を詠み、水戸の自葬式で神葬祭を行う。さらに2週間あまりが過ぎた4月13日に、晋作は病死した。高杉の遺体は厚狭郡吉田村清水山（現在の東行庵の場所）に葬られ、やはり片山貫一郎が水戸の自葬式で神葬祭を行った。

このころ青山が「白石正一郎日記」に登場しないのは、西市や阿弥陀寺の安徳天皇陵の調査で忙しかったからだろうか。『鋭武隊戦功録』（山口県文書館蔵）によると、青山は慶応3年5月に鋭武隊を「退役」している。

阿弥陀寺のリニューアル工事の開始期は明確ではないが、慶応4年（1868）5月8日の「白石正一郎日記」に、「青山先日来　出関度々入来　阿弥陀寺御ふしん一件ニ付而也」と見える。工事を意味する「普請」のために、青山は頻繁に白石邸を訪ねていたようである。この阿弥陀寺の安徳天皇陵の「修繕」について、青山と小野為八が連名で7月3日付（年は不明）で木戸孝允にあてた文書が残されている。そこには陵内を酒で清めて清掃し、内側の柵などを整え、6日か7日には神式で禊や祓いを行い、10日ごろまでにはおおむね完成すると役人たちが語っていると記されている（※12）。恐らくこの時期のものであろう。

国学者の近藤清石は、明治維新期に寺を廃して御影堂を天皇社と改称したのが赤間宮の始まりと語る（『山口県風土誌（九）』）。公式に赤間宮が登場するのは明治3年5月に阿弥陀寺住職の瑞泉法師が還俗して大司《おおつかさ》盛親を名乗り、安徳帝社の初代宮司になったときだが（『下関市史　市制施行以後』）、その基礎は戊辰戦争中に青山たちによって早くも築かれていたことになろう。

一方で、靖国神社側の資料「招魂社司の研究　付表」（『靖国の源流　初代宮司・青山清の軌跡』所収）には、慶応4年（1868）に青山が「仲哀天皇古陵御修理方」に就任していたことが記録されている。なるほど『毛利家乗　十五』の慶応4年2月28日の条には、「是日藩内ニ在ル　陵廟ヲ修理ス」として、「仲哀帝ノ陵　府中唐櫃山ニ在リ　安徳帝ノ廟　赤間関阿弥陀寺ニ在リ　並ヒニ之ヲ修繕ス　土木ニ関ル者　皆ナ斎スルコト七日　古例ニ沿フナリ」と見える。

阿弥陀寺についてはすでに見たが、長府の日頼寺の後ろの山の仲哀天皇殯斂地の整備工事にも取りかかることになり、関係者が7日間の身の清めを行ったというのである。仲哀天皇陵の完成が半年後の8月9日であったことは『もりのしげり』に当日のこととして「仲哀天皇山陵構造落成ノ旨　長府毛利ヨリ報スルヲ以テ　敬親　青山上総ヲシテ長府吏員ト共ニ検査スヘキヲ命ス」という一文からわかる。

仲哀帝の殯斂地は、日頼寺が未だ常楽寺と呼ばれていた観応2年（1351）3月5日の綸旨、「極楽寺為仲哀天皇聖跡異于他《ほかにことなり》霊場之上者為御祈願所可被抽精誠候由……」（『長門長府史料全』）によって確定されていた。中世に定められたものを幕末に青山たちが復興した形であり、8月9日に青山は藩主・毛利敬親に命じられて工事完了の検査に向かったのである。

神職たちの神威隊

青山上総介ら5人の長州藩士が「神祇道建白書」を藩政府に提出して京都に上り、神道復興工作にかかって1カ月が過ぎた文久3年（1863）8月18日、いわゆる「八・一八政変」が起きる。

八幡隊の結成地となった今八幡宮の社務所

薩摩・会津両藩を中心とする公武合体派が中川宮朝彦親王を抱き込んで勅命を仰ぎ、長州藩の堺町御門警衛を解いて藩主・毛利敬親と世子・毛利元徳の入京を禁じたのだ。その結果、京都から長州藩士と三条実美、三条西季知、東久世通禧、壬生基修、四条隆謌、錦小路頼徳、沢宣嘉ら7人の勤皇公家が追放された。世に言う七卿落ちである。

この騒動で青山たちも帰郷を余儀なくされた。しかし黙って引き下がるつもりはなかった。帰郷直後に山口藩（藩庁が文久3年4月以後は山口に移されていた）で八幡隊が結成されている。現在、陸上自衛隊山口駐屯地近くに鎮座する今八幡宮（山口市八幡馬場）の社務所前に「八幡隊屯所跡」の看板が立ち、「文久三年九月堀眞五郎（松陰門下・小郡の人）、梶山三郎助（後に小笠原蓑助と改む）、熊野九郎等数十名　此家に会し神典取調所と称し有志を集めしに起源す」との説明が見える。これに関連して『鋭武隊戦功録』（毛利家文書）の「寺社組本人　青山上総」の箇所に、「文久三年亥八月廿二日入隊　同年十月役付書記　慶応三年卯五月退役」と確認できる。鋭武隊は慶応3年（1867）2月21日、八幡隊と集義隊が合併してできた隊であるので、青山上総介が「文久三年亥八月廿二日」に入隊したのは、八幡隊の母体であったことがわかる。

八幡隊の結成期の状況は、多少の重複があるが以下の3つの資料を見ておきたい。

まず山口県文書館蔵『諸隊編製』の「八幡隊」の箇所に、文久3年8月27日、京都黒谷の「会津藩ノ旅館」が焼失してから「四五日ヲ経テ」京都を出発した長州藩士たちが、「九月上旬」に「山口野田街（八幡町トモ云フ）八幡社神官某ノ家」に集まり、「神威隊」を立ち上げ、後に八幡隊に名を改めたという記述がある。最初は久坂玄瑞を総督にすえるつもりでいたが、久坂が政務員として藩政府に出仕することになり、堀真五郎が総督となったという。軍監は梶山三郎助で、書記は熊野九郎である。

第2の資料が「久坂玄瑞先生年譜」（『松下村塾偉人　久坂玄瑞遺稿』）の文久3年「九月（中旬）」の記録である。ここには、「堀眞五郎、梶山三郎助（小笠原蓑介と改む）、熊野九郎等数十人　山口八幡神社神官の家に会し　神典取調所を設け　同志相会し　義旗を挙げむとす」と見える。前出の今八幡宮の看板の説明は、これを参考にしたのであろう。

第3の資料が堀真五郎の『伝家録』で、ここには三条ら七卿が山口藩に到着したのを9月5日とし、このとき堀真五郎が久坂玄瑞と話し合い、「皇政ノ復古ハ兵力ニ依頼スルノ外望ミナキ」との結論から、「山口今八幡宮ノ馬場」にあった神主の家を借りて神典取調所を立ち上げたと、かなり具体的に記されている。久坂を所長にすえて「諸士ノ別ナク有志者ヲ募」り、神典取調所を神威隊と改め、さらに八幡隊に改めるが、久坂が中村九郎（中村道太郎）から藩政府への出仕を求められたことで、堀真五郎を総督にすえて、久坂は藩の仕事をしたとある。その後、神威隊（＝八幡隊）は順調に人員を増やし、12月11日には100人を擁する大部隊になっていた。

以上の3つの資料から青山の「文久三年亥八月廿二日入隊」の記録を再考察すると、八幡隊の母体である神典取調所の計画段階で、早くも青山が関与していた実態が浮かび上がる。同時に、青山たちが文久3年7月に藩政府に提出した「神祇道建白書」との関係も気になってくる。なぜならその中で青山らは、「山口十社」の中でも特に仁壁神社、神嶺大神宮（現・山口大神宮）、今八幡宮（前掲の「山口八幡神社」のこと）を重視するように主張していたからだ。その上で仏教による「宗門改めの御法は廃止」して、神社による「氏子改めの儀」を出すことを求め、「神典相明らめ、氏子をして異端邪説に迷わず、尊皇攘夷の大典等を承知致させ」るべきと語っているのだ。

言うまでもなく注目すべきは、今八幡宮の重視と「神典相明らめ」の言葉である。すなわちこの「神典相明らめ」の意識が、「八・一八政変」直後に今八幡宮で立ち上がった神典取調所となり、さらに神威隊、八幡隊へと姿を変えたように見えることである。

そういえば神威隊の名は慶応4年（1868）の年明けに京都で戊辰戦争が幕を開けたとき、吉田神社配下の神官部隊として登場しており（『日本歴史』2009年8月号「戊辰内乱と吉田家本所　神威隊を中心に」）、日吉山王社の廃仏運動に身を投じている。

その神威隊と同名の神官隊が早くも長州では誕生しており、八幡隊が前述のように元治元年（1864）2月に本営を小郡の秋穂村に移し、慶応元年（1865）の4月から6月にかけて、朝日山招魂社を建設するのである。実にこの事業にも、青山上総介が関わっていたことはすでに見た。おそらく「神祇道建白書」のスケジュールに沿って、維新革命のプログラムが進んでいたのであろう。

ところで「八・一八政変」以前から、青山と久坂玄瑞との間に親交があったことも天野御民こと冷泉雅二郎が記した『筆乃須佐美』（山口県文書館蔵・毛利家文庫）によってわかる。高杉晋作、花山春助（伊藤博文）、吉田稔麿、山田市之允、大村益次郎たち旧友の逸事を記した小冊子だが、そこに「久坂通武君」と題する以下の文章が見える。

> 文久二年か又は元治元年のことかは知らず、久坂通武君　国事の為めに京師に在り、然れとも唯一書生にして月ニ壹両貳分を給し、同志六七輩と蹴上の邸に置かる。此時藩の政府員前田宍戸　中村等　毎夜祇園町に通ひ、花柳に耽り豪酒に耽湎《たんめん》す、君深く之を憂嘆《ゆうたん》し、青山上総をして諫めしむ（上総は阿武郡椿八幡宮の社司なり。後に靖国神社宮司となり清と改む。従七位

に叙す）。一日、上総　早天《そうてん》木屋町なる政府員の宿所に到る。時正に祇園町より帰り来て皆々湯漬を喫する所なり。

正確な時期は不明ながらも、「同志六七輩と蹴上の邸に置かる」というので、禁門の変で没収される前の蹴上の「粟田山屋敷」（※13）での出来事であろう。蹴上で青山たちと吉田松陰の慰霊祭を行った文久2年（1862）10月17日の前後とも推察できる。ともあれ、そのころ藩政府員の前田孫右衛門、宍戸《ししど》真澂《ますみ》（左馬介、九郎兵衛）、中村九郎たちが、夜な夜な祇園に繰り出して花柳遊びにふけっていたので、京都入りした青山に、久坂が彼らを戒めるよう伝えたという文意である。

続く一文に、「青山翁は其実政府吏員の幇間《ほうかん》同様なりし」と見えるのも興味深い。「幇間」とは太鼓持ちの意味なので、当時の青山は、討幕派と佐幕派のどっちつかずの立場であったのか。『筆乃須佐美』の続きを見ると、花街から戻った3人は長州藩邸（※14）で青山が待っていたので、「いやに早く来たな、何か用事でもできたのか」と尋ねたところ、青山は久坂に言われて遊蕩を注意しに来たと告げた。このとき前田と宍戸は素直に謝ったが、中村だけは座ったまま青山を呼び止めて、自分たちは天下国家のために体を張っているのだから、「少しくらいの遊蕩は當り前の事じゃ」と開き直ったらしい。もっとも以後は中村も放蕩を慎み、大人しくなったというので青山の注意は功を奏したのだろう。志士たちに「幇間」と揶揄されながらも、年長者の青山は、そんな役どころだったのである。３人はいずれも吉田松陰門下で、47石取りの中村と、馬廻組の宍戸は、禁門（蛤御門）の変後の元治元年（１８６４）11月12日に野山獄で斬首され、１７３石取りの前田も12月18日に斬首されている。

改めて文久３年の「八・一八政変」後をながめると、久坂は河野三平の偽名を使い、京都の藩邸や黒谷の願成院などで身を潜めていたようである（前掲「久坂玄瑞先生年譜」）。ほかの潜伏メンバーは桂小五郎（新堀松輔）、来島又兵衛、中村九郎（泉嵐蔵）、入江九一（川島小太郎）、杉山松助、野村和作（櫻井藤太）、時山直八、寺島忠三郎ら松陰門下たちで、後に遊撃隊を組織する高橋熊太郎や久保無二三、筑前の中村圓太（野唯人）や壬生藩士の那須唯一たちもいた。青山もこのころ京都で久坂たちの人脈に属し、神典取調所の設立計画を話し合っていたのではあるまいか。それが帰郷後の今八幡宮における神典取調所の立ち上げとなり、神威隊、さらには八幡隊になったのであろう。

ところで今八幡宮由来の神威隊（八幡隊の前身）とは別に、文久３年11月に防府天満宮（現・山口県防府市松崎町）の密蔵坊を屯所にして、同名の神威隊が結成されていた（※15）。現在、楼門の下に鎮座する大専坊の近くに建っていたのが密蔵坊である。混乱を避けるため、こちらを松崎之神威隊と呼ぶが（防府天満宮の古称が松崎天神であることから実際に松崎之神威隊と記す文書もある）、結成時期から見て、今八幡宮の神威隊の創設に影響されてつくられたことが想像できる。

松崎之神威隊について『もりのしげり』は、「神官ノ有志団ニシテ二十九人アリ」と記している。入隊者と入隊日を記録した『神威隊関係記録』（山口県文書館蔵）には32人が確認できる。入隊日は順不同だが、早い者で9月21日、遅い者が11月21日である。ここでは『神威隊関係記録』から32人の神職名と、わかる者については所属神社名を列記しておこう。

中麻原備前守（信直）
中麻原市太郎（信篤）
古屋美作介（種、春日神社神主）
城村安之進（夏胤、春日神社神主五百樹嫡子）
梅村右近（朝信、伊予八幡宮神官）
佐藤数江（豊薫、萩春日社祠官要人嫡子）
金田直熊（秋冨、当島福井村権現社祠官信春嫡）
佐伯刑馬（政暁）
渡辺参河（碕）
河本若狭介（厚狭郡万倉村宮尾八幡宮神主）
宇津見紀（久雄、厚狭郡船木高泊村厳島社神主）
宇津見要之進（厚狭郡船木岡崎八幡宮河内社神主）

宮原近江介（美祢郡赤村八幡宮神官）
金田隼太（当島福井村権現社祠官）
佐伯直人（佐波郡）
宮国敬三（大津郡瀬戸崎祇園社大宮司）
宮原靭貞（美祢郡赤村八幡宮神主）
佐伯主税（政足）
渡辺安積（厚狭郡）
宮崎遠江（美祢郡厚津（保）村祠官豊前嫡子）
古屋主計輔（美祢郡伊佐村八幡宮神主）
池田全之助（厚狭郡王喜村白崎八幡宮神主）
佐伯源次（正信、奥阿武郡嘉年村八幡宮祠官）
佐伯慎太（秀勝、奥阿武郡嘉年村八幡宮祠官）
大谷志津摩（玖珂郡下畑村正一位河内大明神神主）
大谷浪江（玖珂郡下畑村正一位河内大明神祠官）
中野雅楽（奥阿武郡木與村八幡宮祠官）
堀諫人（奥阿武郡惣郷村大権現神主）
堀求馬（奥阿武郡宇田村八幡宮神主）

藤井玄番（美祢郡大田村八幡宮大宮司）
河谷瀧津（熊毛郡呼坂村熊毛神社神主）
武安浪江（萩春日社神主）

松崎之神威隊結成の背景には、防長社家頭取役の中麻原家（萩春日神社の大宮司家）の嫡子である中麻原市太郎の存在があったようだ。すでに見たように春日神社の中麻原家のルーツは椿八幡宮の青山大宮司家と同様、関ヶ原の敗戦で毛利輝元に従い、毛利元就の神霊を祀る使命を帯びて春日神社の大宮司となった小南宮内である。ともあれ中麻原市太郎のいた松崎之神威隊は150人にふくれ上がり、元治元年（1864）の禁門の変に約30人が上京し、慶応元年（1865）の年明けからの大田・絵堂の戦いにも参戦していた。

実は『もりのしげり』には、この松崎之神威隊のほかにも山代神威隊の存在が見える。別名は「神機隊」で、幕末の山口藩には少なくとも神威隊の名を持つ神職隊が3つあったことになろう。山代神威隊は慶応2年5月に結成され、6月からの四境戦争に従軍していた（『美和町史』）。どうも大田・絵堂の戦い後に解散した松崎之神威隊の神職のうち、山代地域（現・岩国市北部）のメンバーらが自主結成した隊であったらしい。従って山口の今八幡宮での神威隊（＝八幡隊）の結成を皮切りに、防府天満宮の松崎之神威隊、山代神威隊と順次結成されていた様子がうかがえる。その源流には、青山たちが文久3年7月に提出した「神祇道建白書」の神道復興策の意識が横たわっていた。聖書の終末論ではないが、キリストの再臨を願う千年王国論のように、神道による新国家建設プランが長州藩の３つの神威隊を生んだように見える。

国学的身分解放

日本にあるさまざまな差別思想の根源を、神道の穢れ思想に求める説は今なお根強い。しかし、それは誤りである。

下関市豊北町滝部《ほうほくちょうたきべ》（山口県の北西部の山間地）に、その謎を解くカギが隠されている。そこは役所の支所と旧滝部小学校の校舎が豊北歴史民俗資料館になっているだけの辺縁の地だが、裏手に滝部八幡宮が鎮座し、石段前に「烈婦登波碑《れっぷとわひ》」が建っている。吉田松陰が碑文を起草した宮《みや》番《ばん》の女性、登波の顕彰碑で、大正６年に建てられたものだ。

宮番とは被差別階級の最下層の身分であった。徳川幕藩体制下で士農工商の下に、長州藩では「えた」、「茶筌《ちゃせん》」、「猿曳《さるひき》」、「非人《ひにん》」、そして「宮番」と呼ばれる被差別民たちが置かれていた。布引敏雄氏の『長州藩部落解放史研究』によれば、正保2年（１６４５）に山口の垣ノ内部落の吉左衛門に「防長両国長利皮屋役」を命じたころから、藩内の被差別部落の統制がはじまり、神社の清掃や警備を担う宮番が被差別階級化されたという。

登波は大津郡向津具《むかつく》上村川尻浦（現・長門市油谷川尻）の山王社の宮番・幸吉の妻だった。父の甚兵衛も弟の勇助も滝部八幡宮の宮番で、夫の妹まつは浪人を自称する枯木竜之進（実は安芸

滝部八幡宮の「烈婦登和碑」

国領内の被差別民）に嫁していた。

事件が起きたのは文政４年（１８２１）10月29日のことだ。別れ話のもつれから竜之進がまつを殺害し、甚兵衛と勇助も殺した。登波の夫・幸吉にも重傷を負わせて竜之進は逃亡する。そこで文政８年に、27歳の登波は夫の仇討ちの旅に出るのである。幸吉は傷が癒えぬまま翌年没したが、登波の全国探査の旅が功を奏し、天保12年（１８４１）年に竜之進は逮捕され、中元寺村（現・福岡県田川郡添田町）で自殺した。

それから15年が過ぎた安政３年（１８５６）10月に、烈婦として登波を顕彰する動きが長州藩で起こるのだ。動いたのは藩政改革を推進していた先大津代官の周布政之助だった。周布に「烈婦登波碑」の碑文を依頼された吉田松陰は、「討賊始末」をまとめている。当時58歳になっていた登波が勝間田《かつまた》盛稔《もりとし》から勘場に呼び出され、「孝義感心」と讃えられ、褒美として米1俵が与えられた。安政4年9月には松陰が門下生の画家・松浦松洞に登波の肖像画まで描かせている。

このとき一肌脱いだ役人が、郡方本締《こおりかたもとじめ》の佐藤寛作だった。寛作が「先例ナシ」だが、「非常ノ事ナレハ非常ノ賞素ヨリ當レリ」と理解を示し、国学者の近藤芳樹に身元調査をさせ、彼女の身分昇格を図るのである。「郡方」というのは農政全般を管轄する部署で、「本締」はその責任者である。山口県文書館副館長の山﨑一郎氏によれば、「本締」は今の山口県庁の役職でいう「課長補佐くらい」とのことである。いずれにせよ役所側の佐藤寛作の判断がなければ、登波の身分昇格は実現できなかった。

このときの話は『三田村鳶魚全集　第十五巻』にも紹介されている。すなわち佐藤寛作は、秦の始皇帝が雨宿りをした松の木に人間と同じように五大夫（五位）の爵位を与えた例を示して、「松の木が人間並みに取り扱われたのを思えば、人間を人間並に扱うまでの話である」と語り、「前例がないといえば、とわのような孝義抜群なものが出た例もあるまい、非常なことに非常な賞を行うのは当然である」との言葉を続けたそうだ。

これをもって三田村鳶魚は佐藤寛作の態度を「一大英断」を讃えているのだが、顧みればフランス革命を経て、フランス憲法の一部として「人権宣言」が出たのが1791年であった。吉田松陰の「吉日録」（岩波書店版『吉田松陰全集　第十一巻』）は、佐藤寛作の登波の身分昇格発言があったのは安政4年（1857）の「三月一一日頃」だといい、松陰はその感想を「寛作答語甚だ好し」と記している。フランス人権宣言から66年遅れではあったものの、日本では吉田松陰―佐藤寛作のラインで登波の身分解放が行われ、近藤芳樹の調査により登波の祖先が「播磨ノ百姓」で、夫の幸吉も元は「奥阿武郡ノ百姓」だったことが判明した。そこで、本来が「百姓」だったことから「賤ヲ放テ良ニ還ス」ことが決まり、登波の身分解放が実現する。

この長州藩士の佐藤寛作（信寛）の曽孫が岸信介、佐藤栄作であり、さらに後裔として安倍晋三氏が位置している（佐藤寛作については本書「付録　二人の宮司はなぜ靖国を去ったのか」を参照）。

田中彰は、「登波復讐事件は、長州藩安政改革の過程でクローズ・アップされ、仇討ちは孝道・節婦への行為とすりかえられ、藩政改革への人心刷新の一環に組み入れられた」（『松陰と女囚と明治維新』）と斜に構えるが、いずれにせよ長州藩で徳川支配の身分制度が崩れ始めたひとつの事件が、登波の身分解放であったことは間違いない。もっとも、登波の正式な平民昇格は安政5年（1858）の冬だったのだが、安政4年9月に周布政之助が代官の職を辞していたことで、予定されていた登波の顕彰碑建立は見送られてしまう（※16）。前述のように、それから60年を経た大正6年、ようやく滝部八幡宮社頭の「烈婦登波碑」は建てられる。

この話を詳しく述べたのは、身分解放の実務を担ったひとりが国学者の近藤芳樹であったからだ。山口県立図書館が所蔵する、吉田松陰が記した『討賊始末』（和綴墨書）の裏表紙の見返しに、「此後《コノノチ》討賊始末ノ中要ヲ摘《ツミ》テ楽浪《サザナミ》物語ト云二冊ヲ近藤芳樹著シ上木ス物語ハ疎漏大略ナリ」との墨書が見える。松陰の「討賊始末」をもとに近藤が略伝として『楽浪物語』をまとめた、という意味であるが、重要なのは長州藩では国学者が身分解放に深く関与していたことにあった。

加えて注目すべきは、近藤自身が周防国岩淵村（現・山口県防府市）の農業・田中源吉の長男として享和元年（１８０１）5月25日に生まれていたことであろう。農家出身の近藤は、17〜18歳で筑前国秋月の儒学者・原古処《はらこしょ》に句読を学び、20代前半で上方へ遊学して村田春門に入門していた。そして本居大平の知遇を得て、天保11年（１８４０）に長州藩士の近藤家を継ぎ、長州藩士の身分を得て国学者になったという人物である。本居大平は本居宣長の養子であるが、よく知られるように宣長もまた、松阪の木綿商の子であった。大阪を中心とする商業流通による経済発展から、商家で生まれた宣長の国学が優雅、礼節、自由、寛容といった近代的価値観を備えていたことを看破したのは苅部直氏であるが（『「維新革命」への道』）、そもそも国学には徳川幕府由来の身分秩序を超える近代的システムが内包されていたのである。

突き詰めれば、藩政期の身分制度そのものが徳川家のフィクションであった。徳川幕府の初代征夷大将軍・徳川家康にしろ、その8代前は時宗の旅僧・徳阿弥《とくあみ》だったと大久保彦左衛門の『三河物語』は明かしている。「阿弥」は南北朝時代に時宗教団の保護を受けていた、客寮衆という農耕や商い、芸能に従事した集団だ（『岩波　仏教辞典』）。流浪民の徳阿弥が三河国松平郷（現・愛知県豊田市）に立ち寄った際に土豪の太郎左衛門尉に気に入られ、娘婿に迎えられて還俗し、太郎左衛門尉親氏《ちかうじ》、さらには松平親氏を名乗るようになったというのが徳川家の正史である。東照宮社務所が発行した『徳川家康公伝』でさえ､応永元年（1361）から文明4年（1472）までの100年あまりの間に、徳阿弥こと親氏の没年が諸説散見しており、徳川家のルーツの実在そのものがあやふやだ。

福岡黒田藩の藩医の家に生まれ、藩士として幕末に討幕運動に参じた村岡素一郎などは、徳川家と松平家との関係を疑問視した上で、徳川家康が下層下賤の出自であると『史疑　徳川家康事蹟』で暴露しているほどだ。そうした下賤な勢力が、たった一度の関ヶ原の戦いの勝利で権力を掌握し、仏教や儒教を駆使したフィクショナルな身分制度を3代将軍家光の時代までに完成させた。そんな体制自体を否定したのが、長州藩の維新運動であった。討幕運動の背景には、長州藩主の毛利家祖が平城天皇の皇子・阿保親王につながる皇室への近しさが見え隠れしていた。その意識は「一品」（皇族に与えられた最も高い位階）の地位にあった阿保親王の末裔としての毛利家の家紋、「一に三つ星」のデザインとして刻印され（※17）、毛利家臣団にも共通理解されていた。周布政之助、勝間田盛稔、吉田松陰、近藤芳樹といった国学派人脈の中で登波の身分解放が実現したのは、そもそも徳川幕府がつくった士農工商の身分制度を、毛利一門が最初から眉唾《まゆつば》と思っていたからだ。

実は農家出身の近藤芳樹が藩の国学者として登用（明倫館教授）された背景には、それより4カ月前の天保11年（1840）7月に着手された、村田清風たちの藩政改革が影響していた。天保13年に近藤が完成させた『防長風土注進案』も、財政再建のために村田から近藤に編集が託された「防長国郡志」が元になっている。これに合わせて村田は、「淫祠《いんし》」の研究を近藤に命じていた。天保14年1月13日、近藤はその成果として藩庁に『淫祠論』を提出する。仏教や仏教臭のある神社、稲荷、金毘羅などの「淫祠」を廃止する国学的な廃仏政策が、長州藩では藩政改革の枠内で身分解放運動と連動して進んでいくのである。

慶応4年（1868）3月から4月にかけて新政府勢力が布告、通達した「神仏判然令」（神仏分離令）なども、神祇行政の主導権を津和野藩人脈が握っていたことから、廃仏棄釈や国家神道の主導者を津和野派と見る向きが強い。しかし実際は近藤の『淫祠論』を入手した津和野藩主の亀井茲監が、木部八幡宮祠司の岡熊臣にそれを示し、岡が弘化2年（1845）10月に『読淫祀論』をまとめたのがきっかけで、津和野派は国学主義に転じていくのである。岡は嘉永2年（1849）12月に藩校・養老館の国学教師となると、福羽美静を漢学部から国学部に転学させ、脱藩中の大国隆正を復藩させるなどして国学興隆をリードする神官となる（沖本常吉「祀るに理なき神」『山口県地方史研究　第三九号』）。

近藤を国学の師と仰いだ萩の椿八幡宮第9代宮司の青山上総介も、幕末に身分解放に関わっていた。無論それは、「垣ノ内」の賤民たちに帯刀させて討幕出征を計画した卒族の吉田栄太郎が、その発議が藩に認められて士雇に昇格した祝いに稔麿の名を与えて励ましたという間接的な関与でしかない。にもかかわらず、その意味は大きい。

国学を通じた近藤と青山の関係は、近藤が「防長国郡志」の編集を任された直後の天保13年

（１８４２）1月25日の近藤の日記に早くも見える。すなわち近藤の「家の初会」に青山が来て、「屋がための祓」を読み、午後から「江上霞《えのうえのかすみ》」を題材にした正月の歌会が開かれていた（※18）。このとき青山は27歳、近藤は41歳。登波が平民に昇格する安政5年（１８５８）より16年も前の話である。

東京の青山本家には、「天保十二年丑十月十七日神去距令四十四年　駿河守従五位青山長宗命神霊」の墨書が遺されており、父の青山長宗が天保12年（１８４１）10月17日に没したことがわかる。他界した父に代わって青山上総介が椿八幡宮の大宮司職を継ぎ、それから間もなく近藤と深く関わり始めるのである。

近藤の方も「淫祠論」の提出直前の天保14年（１８４３）1月3日、青山のいる椿八幡宮に参拝しており、翌天保15年1月22日には明木（萩市明木）の中山忠左ヱ門らと一緒に、今度は青山が近藤の家を訪ねてもいた。同年5月22日には近藤が椿八幡宮境内の青山大宮司家を訪ね、日が暮れるまで青山と歓談し、7月6日には神事後の宴で令義解《りょうのぎげ》の研究発表会（輪講）を行っている（※19）。令義解とは天平年間に出された養老律令の注釈書10巻のこと。「おとゝしよりことしに至りて、月に六度の会をかゝさず払暁よりつどひ来つゝものしたりし」と近藤が日記に書いているので、「淫祠」の研究時期と重なる天保13年から毎月6回、明け方から令義解の研究会を開き、熱心なメンバーが集まっていたことがわかる。

また神事後の竟宴《きょうえん》も、青山が東側の母屋の床に榊をたてて神の依り代とし、「未《ひつじ》の時」（午後1

時〜3時）に客人が席に着くという神がかり的なものだった。近藤は南庇《みなみびさし》の西の一間に陣取り、冷泉古風（冷泉新左衛門、※20）、勝間田盛稔（※21）、宍戸真澂、静間美積（※22）、そして「あるじがた」として山田昌之、引田歳輔が西を上にして北に向かって座した。東庇《ひがしびさし》には雅楽を奏する伶人《れいじん》が3人、西に向かって座り、母屋の次の間には「あるじがた」として赤川通明、名古屋彰、そして青山が東を上にして南に向かって座った。続いて雅楽の楽曲「慶徳（鶏徳）」が奏されると、末席の青山が懐紙を置き、順番に回った。次に雅楽の長慶子《ちょうげし》が奏され、神籬《ひもろぎ》（榊）に供えた神酒をおろして皆に与え、三献が行われる。肴《さかな》の膳を出して酒を3度勧めるのが一献で、これを3度繰り返す儀式である。

面白いのは、こうした神事の集いから尊皇討幕人脈が形成されていったことである。彼らは徳川幕府由来の身分秩序を破壊する解放人脈であり、今風にいえば一種の人権運動家たちであった。文久2年（1864）3月に萩の博古堂から出された『萩城六々哥集』は、「六々」すなわち36人のこうした勤王歌人たちが登場する。たとえば後に禁門の変で自刃する福原元僴（越後）や国司朝相（信濃）などの和歌が所収されており、序を近藤が書いている。また、すでに見たように、青山も「青山長清」の名で、「宇《う》く以《い》す能《の》　翅《つばさ》そゝまで濁したり　春まだあさき　山の井の水」という「山辺鶯《やまのべのうぐいす》」と題する歌を寄せている。山の井の水辺で羽ばたくウグイスは水を濁す程度の羽ばたきで、維新という「春」はまだ浅く、黎明まで今しばらくといった気分だろうか。あるいは登波の身分解放に力を注いだ勝間田盛稔の歌も見える。いずれも近藤の弟子の「蘆屋《あしのや》」こと萩藩士の楢崎景海（楢崎五百輔）の撰だった。

八角形墓の思想

明治維新後、青山清（青山上総介）が祭事掛として奉職していた東京招魂社に、明治天皇が初めて御親拝されたのは明治7年1月27日だった。これが天皇と靖国神社の関係の始まりである。

一方で、青山清の息子・青山春木は直前の明治6年12月2日、わずか23歳で亡くなっていた。理由は定かではないが、山口県側の子孫の間では「上京途中に突然病死した」と伝えられてきた。気になるのは、萩の青山大宮司家墓所「大夫塚」に鎮座する青山春木の墓石がひとつだけ招魂碑の形になっていることだ。幕末維新期の招魂碑（招魂墓）には、徳川体制と戦い死去したという意味が添えられていた。単に病死なら、招魂碑の形である必要はない。しかも父親が九段の招魂社の責任者となったことで、椿八幡宮司の留守番役として奔走していたときに若くして謎の死を遂げていた。

春木が亡くなる前の明治3年に編集された「旧山口藩神社明細帳」（『旧藩別神社明細帳』）には、「椿西分鎮座　八幡宮」として椿八幡宮の記載が見える。そこには「応神天皇・仲哀天皇・神功皇后」という通常の八幡神を並べた後で、「社地四百七十七歩　社領現米四石三斗　造営藩費」とあり、長州藩が経営していた神社であることが明記されている。

驚くべきは「摂社」や「末社」の数の多さだ。順番に並べると、まずは「摂社」として天満宮、「末社」

として境内に鎮座するのが清社、稲荷社の2社である。同じく西分村内に鎮座する「末社」として須賀社、日吉社、山祇社、日吉社の4社。東分村に鎮座する「末社」が稲荷社、江牧社、高田社、下山社、諏訪社、人丸社、日隈社、赤崎社、厳島社の9社。小畑浦に鎮座する「末社」が白山社、正屋社、浦田社、三島社、大歳社、恵比須社の6社。越ケ浜浦に鎮座する「末社」が厳島社、恵比須社の2社。鶴江浦に鎮座する「末社」が鶴江社、荒人社、恵比須社の3社。川上村に鎮座する「末社」が日吉社、水門社、稲荷社、遠谷社、天神社、厳島社、河内社の7社。明木村に鎮座する「末社」が明木社、厳島社、貴布祢社、天満宮、矢代社の5社。

　こうしてながめると、椿八幡宮は1つの摂社と38の末社を持つ巨大な神社であったことがわかる。その筆頭に登場する宮司は「役士族」で「従五位下　青山武主　通称　春木」であった。「藤原元親十世ノ孫」である。

　一方で廃藩置県後の『明治六年　社寺雑事録一』（山口県文書館蔵）を見ると、「椿西分鎮座八幡宮」の「祠官」は三戸貞輔（文政六年八月生）であり、次の「社掌」が青山春木（嘉永四年三月生）となっている。廃藩置県を境に椿八幡宮は規模を大幅に縮小し、春木もまた大宮司家を追われていたのである。『明治二十八年　古社寺取調書　阿武郡』（山口県文書館蔵）によれば、藩政期は毛利家の庇護で「頗《スコブ》ル盛大」であったが、「明治六年県社ニ列セラレ尋《ツイ》テ県社費ヲ廃セラレルニ至リ頓《トミ》ニ衰頽《スイタイ》シテ復タ昔日ノ隆盛ヲ見ス」と見える。皮肉にも、この現実が、父・青山清が推進した国家神道の帰結でもあった。春木は、こうした状況下で謎の死を遂げていたことになる。

これに対して、青山清が奉職する東京招魂社は、新時代の開幕期における犠牲者、すなわち徳川軍と戦った長州由来の「西洋歩兵」の戦死者を神として祀り、新生日本の弥栄と世界平和を祈る場となってゆく。帝都と長州における光と影だ。

そんな東京招魂社に、21歳の若き明治天皇が御親拝されたのが、明治7年が明けて間もない1月27日であった。青山にとって息子の春木が亡くなって2カ月を待たない時期であったが、明治天皇は赤地大和錦と青地大和錦を各1巻ずつ神前に供えると、「我國乃為をつくせる人々の 名もむさし野にとむる玉かき」という御製《ぎょせい》を堂々と詠んだ。いま靖国神社に残る御宸筆《ごしんぴつ》は、このときの歌を懐紙に書き、陸軍省に与えたものだ。

若き明治天皇の御親拝がきっかけで、以後、天皇の靖国神社参拝は恒例となる。そして青山清が明治24年2月6日に没した後、日清、日露、大東亜戦争を通過する中で、靖国神社は八紘一宇《はっこういちう》の慰霊塔へと発展するのである。維新開国後の近代戦争の勝利は、上代における葦原中国《あしはらのなかつくに》の範囲が日清、日露の両戦争を通じて朝鮮半島や満洲にまで拡大し、戦死した英霊の増加とともに、その「世界」が広がっていった過程である。神武天皇が「八紘《あめのした》を掩《おお》ひて宇《いえ》にせむ」と『日本書紀』で語った「世界」と向き合う精神が吉田松陰の「幽囚録」で再確認され、維新後の日清・日露の両戦勝で台湾、朝鮮、満洲を版図に組み込み、ついには大東亜共栄圏構想にまで発展する。その広大な東アジアの共栄ユートピアに身を捧げた英霊たちが、順次靖国に祀られていったのである。

しかしこうした八紘一宇と重なる靖国神社の精神的ルーツも、もとをただせば青山大宮司家が長州萩の椿八幡宮で長年信仰してきた吉田神道にあったように見える。人を神として祀る吉田神道の、大元宮の八角形の思想は、青山大宮司家墓所であった大夫塚に鎮座する2基の八角形の墓石に、予言のように投影されていたからだ。

あらためて、この2つの八角形墓に刻まれている歴代宮司の分配を見ておこう。なお頭にある数字は何代目の宮司であったかを示し、以下、霊神号、官位、姓名、没年の順で並べている。

まず1基目の八角形墓には次の2柱が刻まれている。

④遺迹霊神　左京亮従五位故大宮司藤原朝臣宗直　享保十八年癸丑四月廿五日神去
⑦重塙霊神　正五位行前上野介藤原朝臣雄忠　文化十三年丙子閏八月十八日神去

続いて2基目の八角柱墓には、以下の3柱が見える。

③冨春霊神　左近衛将監正六位藤原朝臣宗久霊璽　元禄九丙子十一月八日神去
⑥鎮居霊神　故大宮司青山蔵人藤原直賢　寛政三亥正月十三日
⑧長宗霊神　駿河守従五位下故大宮司藤原朝臣長宗　天保十二年辛丑十月七日神去

以上のことから⑧青山長宗までのうち、①青山元親、②青山宗勝、⑤青山敬光の3人の宮司は欠落していることがわかる。ただし⑤青山敬光については高田宮司家を別に立てたという可能性をすでに見たが（88ページ）、いずれにせよ2基の八角形の墓石に互い違いに歴代大宮司の名が刻まれており、早いものは元禄9年（１６９６）に没した③青山宗久で、最後が天保12年（１８４１）に没した⑧青山長宗である。

２柱を刻んだ青山大宮司家の八角形墓

顧みれば青山大宮司家は、高田郡土師村の高杉大明神の神主①青山元親の時代から「吉田殿裁許状」を得て、熱心に吉田神道流の祭祀を行っていた。その事実は山口県文書館蔵の『委心帳』や「椿大宮司家系図」（『四社略系　全』）に記されている。こうした「神祇道」の心得があったからこそ、毛利輝元に命じられて毛利家の氏神「平野大明神」を椿八幡宮に祀る責務を負ったわけでもある。

そもそも①青山元親が信奉した吉田神道とは、藤原氏を祀る奈良の春日神社の分社として始まる京都の東北・吉田山に鎮座する吉田神社の神道であった。その中心は文明16年（1848）に吉田山に建設された八角形の大元宮であり、その代表人物といえば神道第一主義たる唯一神道で復興した吉田兼倶であった。吉田兼倶は祖先伝来の『神道大意』（兼直撰）の「人は即ち神の主なり」（「人《ヒト》波《ハ》則《スナワチ》神《カミ》乃《ノ》主《アルジ》奈《ナ》利《リ》」）を実践して、人間は死後、神になると説いた（『神道大系　論説編八卜部神道〔上〕』）。日本史学者・松本彦次郎の言葉を借りれば、「兼倶は儒教も仏教も異るものとはしながら、これを排斥せず、（略）日本の神を本地とし仏をその垂迹とする反本地垂迹説を唱へた」（『国民精神文化類輯　第十三輯　中世日本の国民思想』）神道家である。

　面白いことに吉田神道では国常立命《くにのとこたちのみこと》を天地創造の神と位置づけており、あたかもその存在は『旧約聖書』のヤハウェに似ていた。単に神道を上に置き、儒教と仏教を従わせる形にしただけでなく、神には「元神」と「託神」と「鬼神」の3つの位があるという『新約聖書』の三位一体説に似た発想を、吉田兼倶は語っていた（兼倶撰『神道大意』）。また西田長男は「吉田神祇道家の過去帳」（『仏教と民俗5』）で、吉田家に「耶蘇教」すなわちキリスト教が入った例として、吉田兼倶の孫・兼右の次男である梵舜《ぼんしゅん》がキリスト教で洗礼を受け、洗礼名ジョアンにちなんで別に勗庵を称したことを明かしている。しかも後に禁教の令が出たため、「最庵」に変えて誤魔化したようでもある（梵舜については130ページでも述べる）。

一方で吉田家は朝廷に仕えた卜部家を起源に持つ伝統的な家柄でもあった。神祇管領長上を名乗って地方の神社に位階を与えたり、神職への免許を出したりして、江戸時代には神祇伯白川家をしのぐ神道家になる。青山大宮司家では、初代からこうした吉田神道を熱心に信奉していたのである。

中でも⑨青山清（青山上総介）の祖父の⑦青山雄忠は、明和8年（1771）に京都の吉田神社で宗源宣旨を伝授されて「摂津守」の官名を与えられ、5月には「吉田正二位兼雄」の「雄」の字を拝領して自分の名（「雄忠」の「雄」）に付けたほど、吉田神道に入れ込んでいた。宗源宣旨とは神道裁許状《しんとうさいきょじょう》などともに、吉田兼倶が唯一神道を広めるために全国の神社と神職に対して発給した神職の免状である。そして徳川幕府の庇護を受けたことで寛文5年（1665）に『諸社禰宜神主法度』が発布され、神職の装束の許可などに吉田家の許状を受ける手続きが生まれ、吉田神道系の神社や神職が全国各地で飛躍的に増加した歴史があった。

①青山元親が長州入りする以前から吉田神道の祭祀を行っていたことはすでに見たが、②青山宗勝もまた寛永元年（1624）に京都に上り、吉田神社で吉田神道を伝授されていた（山口県文書館蔵『四社略系　全』「椿大宮司家系図」）。それ以後も③青山宗久、④青山宗直、⑤青山敬光、⑥青山直賢の4人の「宗源宣旨」が東京の青山本家に遺されている。

青山家が自らの祖先を意識したであろう史料も確認できる。土師青山家の青山幹生氏（令和元年10月没）宅に所蔵される、文政11年（1828）9月29日に書きつけられた文書「高田郡土師村宮司由緒之事」(※23)が、それであった。すなわち関ヶ原の敗戦前に安芸国の高田郡土師村で高杉神社の神主をしていた①青山元親の話を、同じく高田郡吉田村の祇園社(明治以後は清神社と改称)の神主・波多野加賀守が萩まで来て、⑦青山雄忠に直接聞いたときの記録である。波多野加賀守からの問いは、⑦青山雄忠にとって毛利家の神職としての自覚に合わせ、平安時代以来の本地垂迹説を反転させた吉田神道の重要性を再認識するきっかけを与えたはずである。そうであるなら、孫の⑨青山清が討幕維新期の長州側の討幕兵「西洋歩兵」の戦死者たちを神として祀る招魂祭を主導したのも、家業に沿う吉田神道のデフォルメであったようにも見える。

東京の青山本家に残る「青山家歴代霊神号」(※24)によれば、⑦青山雄忠は文化13年(1816)8月18日に没している。孫の⑨青山清は、前年の文化12年5月28日に生まれている(※25)ので、1歳を迎えた直後の祖父の死に直接的な思い出はなかったにせよ、父の⑧青山長宗から吉田兼雄の名前の一字を「拝領」するほど吉田神道に心酔した祖父の話を聞かされたことは容易に想像できる。

これに関連して、2基の八角形墓を調査した柏本秋生氏(萩市文化財保護課)から、次の3つの興味深い話を聞いた。第1は、青山大宮司家の八角形墓は萩に類例がない特異な形状であること。第2は、萩では江戸時代後期から使われ始める黒い溶岩質の墓石で、地元では通称「笠山石」と呼ばれる玄武岩質の安山岩であること(※26)。第3は、2基の八角形墓の側面に刻まれた宮司名が互い違いに刻まれており、字体もほとんど同じで、最後に刻まれた⑧青山長宗の没後に建造された可能性が高いことであった。

一通りの解説をした後で柏本氏は、「1基目に1面余っているのは、9代目の青山清が自分の名をそこに刻むために残していたのではないでしょうか」と続けた。「八角形墓を造ったのは青山清であると？」との筆者の問いに、柏本氏は「その可能性が考えられます。しかし息子さんが早く亡くなったので（⑩青山春木のこと）、そのままになったのではないでしょうか」と返した。

果たして吉田神道の大元宮の八角形をモチーフとした青山大宮司家の2基の八角形墓の出現と、招魂祭をリードする⑨青山清が「平野大明神」の復興を計画したという2つの出来事は無関係であったのだろうか。2基の八角形墓を造ったのが青山清であれば、そこから後に彼が初代宮司として奉職する靖国神社の原風景が見えてくるからだ。

神道第一主義を掲げた吉田兼俱が、自身の遺骸を埋めた上に社殿（兼俱の場合は神龍社）を建てて以後、吉田家当主自身が神として祀られるようになったように、長州の⑨青山清が祖先伝来の吉田神道をデフォルメして招魂祭を始めたとしても不思議はない。同時にアメリカ南北戦争期に表面化した、キリスト教のチャプレン制度などの影響も重なり、戦死者を神として祀る独特の招魂祭が長州藩で生まれた可能性もある。

保田與重郎は、「御一新時の神祇官思想は、その志はともあれ、結果的に見れば中世の吉田神道の系列に属してゐる。吉田神学は豊太閤を象徴とする国際宗教である」（『保田與重郎選集第五巻』「にひなめ　と　としごひ」）と語っている。後述するように「豊太閤」こと豊臣秀吉を「豊国大明神」として最初に神としたのは吉田神道であり、これが明治維新期の、人を神として祀る招魂祭のひとつの源流であった。

面白いことに青山大宮司家の八角形墓は、分家筋で萩の鶴江台に鎮座する鶴江神明宮の高田宮司家の墓所でも踏襲されていた。高田家では天保9年（1838）に70歳で没した第3代の高田勝政の墓と、明治27年に72歳で没した第5代の高田貢の墓が八角形墓なのだ。高田宮司家も本家筋の青山大宮司家同様、藩政期に吉田神社から裁許状を拝領した社家であったが、興味深いのは明治になってからも、高田宮司家では八角形墓を建てていたことである。

吉田神道とキリスト教

青山大宮司家の2基の八角形墓が、吉田神道の八角形の大元宮をモチーフとしたデザインであった可能性が見えてきた。それが「人を神として祀る」幕末維新期の長州藩の招魂祭にもつながる。

ところでこの「八」という数字について、神道だけでなくキリスト教文化圏の影響を見ておく必要がある。すでに見たように、日本でいえば文久元年（1861）から慶応元年（1865）にかけて起きたアメリカの南北戦争で、キリスト教の従軍司祭、チャプレンが戦死者を弔い、埋葬する宗教儀式が行われていた。「人を神として祀る」招魂祭の態度それ自体が、イエス・キリストの復活の意識を彷彿させる。

よく知られるようにイエスは、『旧約聖書』の予言者の言葉を成就させるために、ロバに乗ってエルサレムに入った。しかしユダの裏切りで逮捕され、最後の晩餐の後に十字架にかけられて処刑された。その3日後にイエスは復活を遂げるが、エルサレム入りから数えれば8日目だったため、『聖書象徴事典』などは、「古代キリスト教の八角形の洗礼堂（受洗礼拝堂）は、八日目の復活の八という数との一致ゆえに人気を博した」と記す。

キリスト教における「八」の数字の具現化は、イタリアのローマに残るサン・ジョバンニ大聖堂に付属した八角形のラテラノ洗礼堂（3世紀建造）などの例がある。これは世界各地の洗礼堂の原型ともされている。実際、ミラノのサン・アクィリーノ礼拝堂（4世紀建造）も、ラヴェンナのラヴェンナ大聖堂に付属して建てられた正教徒洗礼堂（5世紀建造）も、さらにはサン・ヴィタレー聖堂（6世紀建造）も、すべて八角形の建物だ。

古代ローマの洗礼堂は、体を洗い清めるキリスト教儀式の場であるが、なぜか日本の神道で行われる禊《みそぎ》と酷似していた。そこで思い起こすのは、「日本最上神祇斎場」とも呼ばれた吉田神道の八角形の大元宮である。吉田神道の『神道大意』の「人は即ち神の主なり」の言葉も、『新約聖書』でイエスを救世主として「神の子」と見た言葉と重なる。キリスト教的にも見える唯一神道を日本で編み出した吉田兼倶は、それ以前の吉田家当主の仏式葬礼を、遺骸の上に霊社まで建てて死者を神として祀る方式に変更した人物でもある。自らの死体の上に霊社を築く形式は、兼倶以後も吉田兼右、吉田兼見、そして萩原兼従（本姓は吉田）へ継承された（『神道大系　論説

編九　卜部神道（下）』）。これもまたイスラエルのエルサレムにある、イエスの遺体の上に建てられた聖墳墓教会を連想させるものだ。

吉田神道はキリスト教の影響を受けたのかという問いに関しては、西田長男が「吉田神祇道家の過去帳」（『仏教と民俗5』）で、吉田家からキリスト教に帰依した人物がいたことを明かしていた。すでに見たように、吉田兼倶の孫・兼右の次男で、兼見の弟でもある梵舜である。彼はキリスト教で洗礼を受けたクリスチャンで、洗礼名・ジョアンにちなんで舃庵とも称したが、禁教令が出て最庵に変えたこともすでに紹介した。梵舜は僧侶の身分であったが（※27）、唯一神道の鼓吹者であり、「神仏両教の信仰と切支丹宗門のそれとを矛盾するものとは考えていなかった」と西田は語る。

ところで吉田兼倶の編み出した唯一神道は、前出の吉田兼従（萩原兼従）が継承を付託した吉川惟足により強化され、会津藩初代藩主・保科正之や、第4代弘前藩主・津軽政信に影響を与えていた。実は吉川神道と看板をかけ替えた吉田神道に傾倒したこの2人の墓も、八角形という共通性があったのである。例えば保科正之の神社形式の墓所「土津《はにつ》神社」（福島県耶麻郡猪苗代町）の鎮石《しずめいし》は、八角形である。寛文12年（1672）12月に没した保科正之は、生前に吉川惟足に師事していたことで「土津霊神」の霊号を授かり、延宝3年（1675）に土津神社が完成した。この神社の奥の院に「会津中将源君之墓」と刻まれた表石が建ち、背後の墳の上に八角形の鎮石が鎮座している。

ちなみに2代目の保科正経から9代目の松平容保《かたもり》までの墓所は別に院内御陵にあり、そこでは仏式で弔われた2代目を除き、3代目から9代目までもが八角形墓である。墓所は下から順に下段平場、前庭部、表石、そして八角形の鎮石の構造である。

また第4代弘前藩主・津軽政信を祀る青森県弘前市の高照《たかてる》神社は、本殿から200メートル西方の廟に、八角形の政信の墓石が鎮座する。宝永7年（1710）に弘前城で死去した政信もまた、吉川惟足の熱心な信奉者であった。

吉川惟足は江戸日本橋の商人だったが、吉田神道の最高権威であった吉田兼従（萩原兼従）の門人となり、吉田神道を継承した。江戸時代にキリスト教の取り締まりから寺請制度が定着して仏教寺院の力が増したことで、神道家たちが不安を抱いた矢先に吉川は神葬祭を手がけ、「幕府に神道祭祀の意義を問う論議の場を求めた」（『吉川神道思想の研究』）のである。吉田神道の大元宮を彷彿させる八角形墓は、こうした流れで具現化されていったのだ。

もっとも「人を神として祀る」日本宗教史をさかのぼれば、慶長3年（1598）に没した豊臣秀吉を、翌慶長4年に「豊国大明神」として京都で祀ったのが、そもそも吉田神道であったという事実にたどりつく。日本の近世において、最初に人が神となったのがこのときである。しかし大阪夏の陣に勝利した徳川家康は元和元年（1615）7月9日、豊国大明神を祀る豊国神社を、側近の南光坊天海に破壊するよう命じていた。これにより豊国神社は壊され、あらためて建て直されるには、明治維新後の明治天皇の発議を待たねばならなかった。

奇しくも徳川家康自身、秀吉に抗するように自らを神として祀られることを望んだ。元和2年4月17日に家康が死去すると、吉田神道流の「大明神」神号を推す梵舜と、山王一実神道を推す天台宗系の南光坊天海との間で論争が起きたのである。家康は生前に吉田神道に傾倒したが、結局は南光坊天海の山王一実神道によって、日光東照宮に東照大権現として祀られることになる。ところが本殿裏の奥社御宝塔、すなわち徳川家康の墓の基壇は、どういうわけか吉田神道の大元宮を彷彿させる八角形なのである。

キリスト教と吉田神道に共通する八角形が「人を神として祀る」思想と混ざり合う姿は、幕末維新期に西洋列強と対決するため、自ら欧化の道をたどった明治日本と同じ構造に見える。ただし栃木県日光市の日光東照宮をはじめとする各地の東照宮は、長州藩の招魂祭のように、戦死した家臣たちすべてを神として平等に祀る近代意識を、遂に持たなかった。

幕末の上野戦争で大村益次郎が指揮する官軍に敗れた彰義隊の遺体は、戦場に放置されていたという。現在、上野恩賜公園（東京都台東区）の彰義隊の墓前に台東区教育委員会が設置している説明板にも、「南千住円通寺の住職仏磨らによって荼毘に付された」としか書いてない。討幕戦で戦死した家臣たちを、徳川家は自らが経営する東照宮系の神社に英霊として迎え、合祀することはなかった。ここに徳川家の築いた身分制度の限界があった。

註

※1　塩見家は青山大宮司家墓所「大夫塚」の代々の墓守の家。

※2　「毛利三代実録」の慶長15年7月7日に「青山左近ニ同国同郡下徳地ニテ七石余」、慶長17年4月5日に、「公より青山左近ニ賜フニ判書ヲ以テス、其文ニ曰ク、防州佐波郡下徳地庄方村七石余ノ地ヲ賜ヒ之ヲ領セシム」とある。

※3　『萩市史　第一巻』721ページの翻刻を使用。

※4　平成17年5月に「九州大学大学院　人間環境学研究院　都市・建築学部門　建築・都市史研究室」が調査報告した『椿八幡宮　調査報告書』にも「明治9年の柿葺拝殿の新築にともない、背後の境内山を造成し上段へ境内を拡張する」と確認できる。本論文は建造物の図面などを含む未公開資料で萩市観光政策部文化財保護課の内部資料であるが、椿八幡宮と相談して筆者が複写したうえで奥付を作成し、山口県立図書館および宇部市立図書館に寄贈した。

※5　鶴江神明宮旧蔵の「髙田家系図略記」に、「往古椿八幡宮大宮司従五位青山権之丞ヨリ出ル、其前享保四年鶴江神明社毛利吉元公ノ時、青山大宮司代々奉仕シ来タリ、権之丞當社ニ別家シ奉仕、社人髙田数馬藤原重次ヲ以テ後職トス」と見える。「毛利吉元公」は長州藩の第5代藩主・毛利吉元のこと。

※6　鶴江神明宮の火災は、翌日の平成21年2月3日付『朝日新聞』（山口版）で、「黒煙が市中心部各所から見え、市内は一時騒然となった」と報じられた。

※7　玉井家（仁王）の刀鍛冶の系譜は『萩市史　第三巻』の652〜653ページを参照。

※8　奈良県立図書館情報館まほろばライブラリーで閲覧可能。26コマ目に侍が「神武田」を拝む絵図がある。

※9　赤馬関は赤間関や馬関と同じで、山口県下関市の関門海峡一帯を指す。
※10　藤井正樹「〈東白〉のこと」(『山口県地方史研究　第六七号』)によれば、片山貫一郎は白石正一郎の娘婿とある。
※11　本稿では廃藩置県後に青山上総介が青山清に名を変えたとしたが、慶応2年7月に刊行された『さくら山の哥集』では早くも青山清を名乗っている。復刻版『櫻山の歌集』に翻刻あり。
※12　原文は「御陵内酒掃等清浄に為仕、内柵等相調、来る六日七日比禊祓神式執り行ひ、南面道筋鳥居大手木柵等十日比までには大抵成就致させ候」(『木戸孝允関係文書　第二巻』)。
※13　『増補訂正　もりのしげり』195ページ。
※14　現在の京都ホテルオークラの場所にあった木屋町の長州屋敷。
※15　伊藤忠芳「明治維新と防長神職の諸隊について」(『山口県神道史研究　第四号』)。
※16　『周布政之助伝　上巻』269ページ。
※17　『英雲公と防府』15ページ。
※18　「山口県文書館蔵〈近藤芳樹日記〉翻刻(五)」(『内海文化研究紀要　第三八号』)。
※19　「山口県文書館蔵〈近藤芳樹日記〉翻刻(六)」(『内海文化研究紀要　第三九号』)。
※20　天野御民(冷泉雅二郎)の父で大組士。『防長志要』(79ページ)によれば大内氏の家臣・冷泉隆豊の後裔。安政元年に54歳で没。
※21　大組士の宍戸左馬介のこと。通称・宍戸九郎兵衛。禁門の変で帰郷後、野山獄に投じられて斬首。

※22　静間三積のこと。『防長志要』（79ページ）によれば楊井松雄に学び、本居大平に従い、当時の国学の先進者。

※23　『靖国の源流　初代宮司・青山清の軌跡』86〜87ページ、および巻末「付録」の「資料四」。

※24　『靖国の源流　初代宮司・青山清の軌跡』108〜109ページ。

※25　『靖国の源流　初代宮司・青山清の軌跡』98ページ。

※26　柏本氏の話では、黒っぽい「笠山石」の台座に白っぽい墓石を載せる形式が、江戸時代の前期から中期にかけての萩における墓の形式とのこと。江戸時代の終わりに、墓石も溶岩質の「笠山石」に代わった理由は、今のところ不明とのことである。

※27　吉田家では次男が氏寺の神龍院に入る習わしがあった。神龍院も吉田兼倶が吉田山に創建した仏教寺院であった。

第3章　賊軍と官軍

上野公園の西郷隆盛像

右翼に殺された大村益次郎

靖国神社の社頭にそびえる大村益次郎像は、円筒形の台座まで含めると全高が12・7メートルになる。着物姿で腰に刀を差し、ひさしのような太い眉毛の大村の立像を造ったのが、工部美術学校在学中だった明治13年11月にメソジスト派下谷教会で洗礼を受けたクリスチャン・大熊氏広だったのも意外であろう（『近代日本最初の彫刻家』）。大村像の足元に設置された説明プレートには、「明治二十六年二月五日竣工」と書いてある。

靖国神社の初代宮司となった青山清の在職期間は、明治12年6月16日から同24年2月6日までである。従って2月17日からは遠江国《とおとうみ》（現・静岡県）出身の賀茂水穂《かものみずほ》が2代目宮司を務めており（明治42年4月28日まで）、大村像の竣工は賀茂宮司が就任して2年後になる。

しかしそもそもの発端は、青山宮司時代の明治14年4月3日にさかのぼる。その日に靖国神社で大村の十三年祭が斎行され、祭典後に山田顕義ら門下生が築地の壽美屋で追悼会を開いた（同年4月5日付『読売新聞』）。続いて11月15日、今度は芝の紅葉館で大村の旧友80人あまりが集まり、以後、毎年11月15日に記念会を開くことが決まった（同年11月17日付同紙）。またその席で、大村の「紀念碑を建立せんとの発議」があり、それをうけて明治16年2月に、建設発起人会が開かれていた（同年2月27日付同紙）。実に、これが大村像建立計画の始まりであった。後述するように、工部美術学校時代に大熊氏広が教えをうけたイタリア人美術家ジョバンニ・カッペレッティーが設計した遊就館が、明治15年2月25日に開館した直後の話である。

彼らは明治17年5月17日、新聞に大村の銅像を造るという広告を出し（同日付『読売新聞』）、同19年7月には建立予定地へ表示杭が建てられた（19年7月4日付同紙）。落成目標は同21年4月で、その年の5月の大祭で祭典を行う予定であったのだ（同年2月18日付同紙）。なるほど、現在円柱型台座側面に張り付いている銘文には「陸海軍制之基礎」を築いた大村を称賛する三条実美の文章が刻まれており、日付は明治21年6月となっている。青山の宮司就任中に、銅像は完成する見込みであったのだ（ちなみに大熊氏広に銅像建立計画が委嘱されたのは明治18年4月だった）。それが明治26年2月にまでずれ込んだのは、大熊がヨーロッパの彫刻を研究するため明治21年3月10日から洋行に出たからだ。大熊はマルセイユ経由で5月初旬パリに到着。パリで彫刻を学び、さらにオーストリアやイタリアでも学び、明治22年12月に帰国した（『近代日本初最初の彫刻家』）。大熊の帰国4カ月前の8月21日付『読売新聞』には、「故大村兵部大輔銅像久しく中止となり」とあり、以下のように続く。

大阪なる造幣局にて製造する積《つも》りの處《ところ》、模様替《もようがえ》となりて埼玉県川口製鉄所へ注文する事になり……

大阪造幣局の「模様替」というのは、明治22年5月に敷地と建物を半分に縮小したことであろう（『造幣局のあゆみ　改訂版』）。このため、古くから鋳物業で栄えた川口（現・埼玉県川口市）

の鋳造工場に、大村の銅像製作を改めて依頼するというのである。

続いて年が明けた明治23年2月、山田顕義の紹介で、大熊が大村の郷里である山口を訪ねる。未亡人や親族らに会って生前の大村の姿形や背格好を取材し、それをもとに設計が練られたのだ。こうして原寸大の銅像原型の製作に着手したのが8月で、実際の銅像鋳造に取りかかるのは、さらに1年後の明治24年6月である（明治25年刊『大邨益次郎先生伝』）。ところが青山はその年の2月に死去し、賀茂水穂が2代目宮司に就任するのである。

大村像建立の背景には、やはり大村が慶応4年（1868）5月15日、上野の寛永寺にこもった彰義隊を総攻撃、撃破したという功績、事実が横たわっている。旧友や門下生たちにとって大村は討幕の一大功労者であり、新時代を象徴する偉人だった。

少し当時を振り返えっておこう。

この上野での戦いに敗れた幕府軍の榎本武揚たちは、海路で北海道に逃げ込む。しかし明治元年11月から青森入りしていた長州藩の整武隊は、雪解けを待って明治2年4月6日に青森を発ち、9日に北海道の南西部の乙部《おとべ》（現・北海道乙部町）に到達した。そして5月18日に榎本軍が立てこもる五稜郭を開城させて、戊辰戦争は幕を閉じたのだ。こうして徳川幕府が瓦解した後の明治2年1月15日、木戸孝允が上野の寛永寺の前を通った際に、「去夏」（慶応4年5月）の彰義隊との戦いで焼け野原になった地を「清浄」して招魂社を建立しようと口にしたのが、靖国神社の始まりとなる（※1）。木戸が大村と会って「将来の事を談す」と日記につづったのは6月2日であるが、このとき東京招魂社の創建についても話し合ったはずである。木戸の発議で最初は招魂社の建設予定地が上野とされていたが、大村が「上野は亡魂の地」なので、幕府の歩兵調練場のあった九段に場所を変えさせたというのも（『大村益次郎先生事蹟』加茂水穂談）、このころの話と思われる。木戸が九段に建設地を変更すると大村に手紙を書いたのが6月13日で、19日から建設工事が始まり、28日には九段坂上に小祠が仮設されている。官軍という名の民兵団の戦死者一人ひとりを公平に神として祀る近代意識を内包した慰霊施設が、帝都に誕生した瞬間だった。

靖国神社社頭の大村益次郎像

そもそも大村自身が地下医の子という、庶民層の出身であった。また彼が上野戦争で指揮した兵も、フランス革命でのナポレオン軍をモデルにしたものだ。吉田松陰が処刑された翌年の万延元年（1860）に長州藩に雇われた大村が、松陰の「西洋歩兵論」をどこまで知っていたかはわからない。しかし「佛朗察《フランス》革命後ノ戦争ニ於テハ此戦闘法益々繁茂シ」と語るクノープの『活版兵家須知戦闘術門　一』を邦訳し、自ら実践した思想は、松陰の「西洋歩兵論」と重なる。そのうえで上野戦争において指揮した和製ナポレオン軍を、明治新政府の正式な軍隊にリニューアルしようとしたタイミングで、大村は東京招魂社の創設に関わったことになる。

　こうして九段に小祠が完成した明治2年6月28日に仁和寺宮《にんなじのみや》嘉彰《よしあき》親王（後の小松宮彰仁《あきひと》親王）が祭主となって祝詞を挙げ、戊辰戦争での官軍側戦没者3588柱を盛大に祀った（『靖国神社誌』）。翌29日に木戸が、「九段歩兵屯所跡地に開場した招魂場で、早朝より数刻（一時間）、大砲発砲」と日記に書いている。それから「招魂場花火を発す」とつづった7月4日までの6日間、九段では盛大な完成祭典が開かれていた。

　もっともこの時点では、後に靖国神社の初代宮司に就任する青山上総介（青山清）を始めとする長州藩国学者グループ（山口明倫館の編輯局グループ）の関与は確認できない。靖国神社に残る青山の履歴には、「明治四年八月二十二日　補兵部省十一等出仕招魂社祭事掛」（※2）と見えるだけで、廃藩置県後に上京して東京招魂社に奉職したことがわかる程度だ。

　実は明治4年5月に太政官が全国の神社を「国家ノ宗祀」としたことで社家が廃止され、萩の青山大宮司家も事実上つぶれていた。青山上総介は息子の春木に先祖代々の椿八幡宮を任せて、廃藩置県後に上京したのである。

　東京招魂社では長州藩の招魂社と違って、例えば下関の桜山招魂社のような吉田松陰、高杉晋作、久坂玄瑞から無名志士に至るまでの、同じ大きさ、形の、一人ひとりの招魂碑は作られなかった。この違いは、東京招魂社には立ち上げ段階で青山ら長州の招魂祭メンバーの関与がなかったからではあるまいか。桜山招魂社の招魂碑は最初は木標で、後から石碑に変わる。東京招魂社に採用されなかったその部分について、長州側の資料で少し確認しておこう。

下関の豪商・白石正一郎の明治元年12月11日の日記（「白石正一郎日記」）には、その日、萩藩士の佐々木男也が白石の病気見舞いを兼ねて白石邸を訪ねたことが記されている。招魂場に立つ木標の代わりに、石の招魂碑に刻む「名前　所書　月日」などを書いてほしいとの依頼書を持ってきたのだ。依頼主は厚東次郎助（奇兵隊士か？）であった。白石は「木標姓名」を書き写したものを、14日に厚東に返送した。青山上総介が白石邸を訪ねたのは、4日後の18日である。それから翌年の松の内が明ける明治2年1月15日に「出立」するまでの約1カ月間、青山は白石邸や下関界隈で過ごしている。おそらく石の招魂碑の作成のためであろう。

青山が滞在中であった明治元年12月22日のこととして、11月14日に下関で没した福田侠平（奇兵隊軍監）の袴生地を山県狂介（山県有朋）が白石邸に持参し、午後からは片野十郎、南野一郎、長太郎（長三洲）たちが訪ね来て、青山たちと合流して「一酌」していた。この酒席で、維新革命で犠牲となった官軍志士たちの慰霊について語り合ったであろうことは容易に想像がつく。いずれにせよ長州においては招魂碑の1本が、英霊1柱を意味していた。

余談になるが昭和53年10月に靖国神社の宮司に就任した松平永芳氏が、いわゆるA級戦犯14柱を靖国神社に合祀した（※3）ことから昭和天皇が以後の御親拝を控え、A級戦犯分祀論が表面化した。このとき靖国神社側が、英霊の御霊は合祀するとひとつになるので分祀は無理と説明したが、東京招魂社の創建時に招魂碑を造らなかったことで1柱ごとの分離が難しくなったのではと感じたことがある。長州式の招魂碑を踏襲していたなら、分祀問題もこじれずにすんだかもしれない。

話を東京招魂社に戻せば、最初の祭典が終わって4日後の明治2年7月8日に官制が改まる。その結果、神祇と太政の「二官」に加えて民部、大蔵、兵部、刑部、宮内、外務の「六省」が置かれ、各省に今でいう大臣クラスの「卿」、事務次官クラスの「大輔」、以下「少輔」「大丞」「少丞」「大録」「少録」の諸官が置かれた。このとき兵部省では仁和寺宮嘉彰親王が兵部卿に就き、その下に大村が兵部大輔、続いて山田市之允《いちのじょう》（後の山田顕義）が兵部大丞に就いた。

時を同じくして大村は、かねてより温めていた兵制改革に着手する。東京招魂社の創建は、旧来の武士階級を廃する大村の兵制改革構想に連動していた。その意味では、徳川期の身分制度を破壊する新たな兵制のスタートの象徴が、東京招魂社の出現であった。だからこそ伝統破壊的な革新事業に不満を抱いた8人の守旧派が、京都三条木屋町の旅館にいた大村を9月4日に襲撃したのである。東京招魂社の完成式典からわずか2カ月後に起きた襲撃事件の犯人のうち、神代直人（三田尻在住の萩藩士・御楯隊士）、団伸二郎（萩藩寄組の児玉家家臣）、大田光太郎（右田毛利家の家臣）の3人は、同じ長州藩士の大楽源太郎の門下だった。

大楽は慶応元年（１８６５）１月の大田・絵堂の戦いに呼応して、三田尻（現・山口県防府市三田尻）に忠憤隊を立ち上げた人物だが、戦いが早く終わって解隊を命じられたことで憤怒した攘夷派である。そこで翌慶応２年、上《あが》り熊《くま》（現・防府市台道上り熊）で攘夷塾・西山塾《せいざんじゅく》を開くが、３人の大村襲撃犯はその塾生だった。今風にいえば、熱狂的な右翼青年たちに大村は襲撃されたことになろう。

大村の傷は深く、明治２年10月27日に蘭医ボードインの手術で右大腿を切断したが敗血症が進み、11月５日に大阪病院で息を引き取る。翌６日に大村の遺体は棺に納められ、琴子夫人の付き沿いで大阪常安橋から船で三田尻に運ばれ、そこからは陸路で鋳銭司《すぜんじ》の自宅に搬送されて長沢池畔の圓山《まるやま》に埋葬された。

諸隊の一部を常備軍として新政府軍に組み込む兵制改革が長州藩で断行されたのは、時を同じくする11月８日である。このとき選に漏れた農兵たちが長州藩で脱隊兵騒動を起こしたが、それを扇動したのも大楽だったといわれる。なるほど、暴徒となったリストラ兵たちは、「西洋と内外之弁別不相立様相成」となった新政府を批判する右翼的な言説を表明していた（『奇兵隊反乱史料　脱隊暴動一件紀事材料』）。大楽が主導した長州藩の脱隊兵騒動は、熊本藩の飛び地「鶴崎」（現・大分県大分市鶴崎）の有終館《ゆうしゅうかん》にいた河上彦斎《げんさい》が応援することになり、久留米藩まで巻き込んだ久留米藩難事件や、外山光輔と愛宕《おたぎ》通旭《みちてる》の２人の公卿まで連座した「二卿事件」（いずれも明治４年の新政府転覆計画）にまでつながる。

ところで大村の神葬祭の命令書が明治2年11月13日付で出たことで（山口県文書館蔵『大村益次郎死去届・神葬命令書』）、長州に留まっていた青山上総介が祭主となって11月20日に圓山で神葬祭を行う。当時の記録を見ておこう。

十一月二十日君の葬儀《そうぎ》を執行《しっこう》し　その霊柩《れいきゅう》を鋳銭司村《すぜんじむら》の内《うち》　丸山《まるやま》に葬《ほうむ》る　神葬式《しんそうしき》にして祭主《さいしゅ》ハ青山上総《あおやまかずさ》なり　藩主名代役笠原半九郎《はんしゅみょうだいやくかさはらはんくろう》　来《きたりて》臨《のぞ》む　親戚故旧門生等《しんせきゆえきゅうもんせいら》葬《そう》を送《おく》る者頗《ものすこぶ》る多《おお》し　殊《こと》に秋穂屯在《あいおとんざい》の鋭武隊《えいぶたい》ハ儀仗兵《ぎじょうへい》として伍列《ごれつ》を為《な》し　学科塾生徒《がっかじゅくせいと》も悉《ことごと》く厳正伍列《げんせいごれつ》を整《ととの》へて之《これ》を送《おく》れり

（山口県文書館蔵『贈従三位大村君事蹟　中』）

大村の教え子たちの学科塾生や、秋穂（現・山口市秋穂）に駐屯していた鋭武隊士が伍列をなして大村を葬送した。かつて青山も鋭武隊に属していたことは、『旧諸隊戦功賞典原簿』（山口県文書館蔵）の「旧鋭武隊士官其他戦功賞典表」に「青山上総」の名があり、またその上に「書記」と記されていることでわかる。しかしここで強調したいのは、むしろこの神葬祭直後の記録に「今般脱隊卒暴挙之節、故大村兵部大輔墳墓ヲ破毀《ハキ》シ候趣相聞へ……」（※4）と見えることだ。脱隊兵たちが大村の墓を破壊した報告であるが、「大鳥居ヤライ抔《ナド》倒シ」（※5）と書かれていたのである。大村の墓は最初から「大鳥居」が建ち、竹や丸太を縦横に粗く組んだ「ヤライ（矢来）」

で囲まれた招魂社として建てられていたことになる。その場所に現在、妻の琴子夫人の招魂墓と並んで、「故兵部大輔贈従三位大村永敏墓」と刻まれた大村の招魂墓が鎮座している。鋳銭司の長沢池北畔に鎮座する現在の大村神社は、大東亜戦争後に完成した社殿で、新しいものである。
以上が、靖国神社の社頭に大村の銅像が建つまでの前史である。

九段のモダニズム

東京招魂社が完成した明治2年6月28日に、戊辰戦争での官軍側戦没者３５８８柱の第1回合祀が行われた。山口県文書館蔵『自明治二年　至同廿九年　靖国神社霊璽中山口県人名簿』によれば、このうち長州藩兵（正確には山口藩兵）の合祀は４７８柱であったとしている。それから2カ月が過ぎた8月8日に官軍側の有栖川宮熾仁親王が３００両を奉納し、さらに東伏見宮依仁親王も奉納した。

にもかかわらず長州藩には不穏な空気が充満していた。実際、その年末に軍事の西洋化に反対する諸隊が反乱を起こすのである。すでに見た、大楽源太郎が扇動したといわれる脱隊兵騒動である。新政府は明治3年2月8日から、これの鎮圧にかかる。柊村長者原《ひいらぎそんちょうじゃばる》（現・山口市大内長野柊）などで捕縛兵たちが処刑されたのは、2月中旬だった（『山口県史　史料編　幕末維新7』「古谷道庵日乗」）。

東京招魂社の北側入口にモダンな高燈籠の建設が始まるのは、直後の明治3年7月末からである。慶応2年（1866）に石川島燈台を造った石工の磯吉が、同じ手法で土台を築き（『日本行刑史』）、明治4年11月11日に完成して燈火された（『増訂　武江年表2』）。この高燈籠は位置を少し動かして、今なお靖国神社の入口に鎮座する。面白いのは頂部にキリスト教会によくある風見と、その下に「東」「西」「南」「北」と先端に文字の付いた十字が付いていたことだ。そしてなぜか明かりの灯る部分や胴体部分が八角形だった。

こうした姿が、ほぼ当時のままであろうことは歌川芳藤（一鵬齋芳藤）が明治4年に描いた浮世絵「東京九段坂上招魂社定燈之晴景」を見てもわかる（※6）。しかも「当時　品川湾より望んで目標となせしと云ふ」と明治44年刊の『靖国神社誌』が記したように、東京湾から高燈籠の明かりが見えていた。

日本人の手で初めて西洋競馬が開催されたのが明治3年9月で、その場所もまた東京招魂社であったのも面白い（『近世錦絵世相史　第三巻』および『日本馬術史　第三巻』）。馬が直線を走る旧来の祭典競馬から、楕円形の西洋式馬場に改められる舞台となったのである。

東京招魂社を創建した功績を讃えて、大村益次郎の一周忌で「弔祭」が社前で行われたのが明治3年11月5日であった。それは脱隊兵騒動を扇動した大楽源太郎が長州から九州に逃れ、久留米藩の攘夷派志士に匿われていた時でもある。しかも新政府の追及が旧久留米藩主の有馬頼咸《よりしげ》にまでおよぶことを恐れた同志たちの手で、明治4年3月16日に大楽は久留米で殺されている。久留米藩難事件と呼ばれるこの一連の騒動は、東京招魂社の西洋化の流れの中で起きていたことになろう。

東京招魂社の出現は、神社界の革命も象徴していた。例えば神官の世襲廃止を伝える「神社之儀ハ国家之宗祀ニテ一人一家ノ私有スベキニ非ザル」の布告が太政官から出たのが、明治4年5月14日であった（『太政官日誌　第五巻』「太政官日誌　第二十七号」）。いわゆる国家神道の登場であるが、それは文久3年（1863）7月に青山上総介たちが藩政府に提出した「神祇道建白書」の、「神祇官、太政官の古制に御倣ひ」という主張の帰結でもあろう。皮肉にも青山大宮司家自体も、自ら用意した国家神道の犠牲となってつぶれたのだった。

靖国神社の高燈籠

すでに見たように『明治六年社寺雑事録一』（山口県文書館蔵）には、明治6年6月付で椿八幡宮大宮司家の青山春木がナンバー2の「社掌」に落とされ、トップの「祠官」が三戸貞輔に交代している。そして1つの摂社と38の末社を持っていた巨大な椿八幡宮は、見事に縮小されていた。春木は自らの居場所を探すように、21歳になる明治4年5月11日に、かつて父の同志だった近藤久棟（佐甲但馬）の紹介で、京都の平田国学塾「気吹舎」に入門している（『新修　平田篤胤全集　別巻』）。

無論こうした神社界の混乱は、青山大宮司家に限ったことではない。例えば前掲の『明治六年社寺雑事録一』には、長門国豊浦郡楠野村（現・山口県下関市一の宮住吉）に鎮座する「国幣中社」の住吉神社の「宮司」として、明治6年2月25日付で世良利貞が就任していた。世良は青山上総介とともに「神祇道建白書」に名を連ねた吉田松陰門下の世良孫槌のことである。このため本来の大宮司家であった山田盛実は、明治5年10月3日付で「祢宜」に降格していた。

維新革命の仕上げで、新政府は明治4年7月14日に廃藩置県を断行した。明治天皇が「江戸ヲ東京ト称ス」という詔勅を出して東京遷都が決まったのは、3日後の17日である。青山上総介が息子の春木に郷里の椿八幡宮を任せ、自らは「補兵部省十一等出仕招魂社祭事掛」となって東京招魂社に着任したのは、さらに1カ月後の8月22日だった。兵部省の管轄下にあった東京招魂社では「祭事掛」が事実上の宮司であり、このころには青山一介（※7）を名乗ったり、青山清を名乗り始めてもいる。

そこで便宜上、本書もここから青山清と改めることにするが、面白いことに青山清が祭事掛になって2カ月後の明治4年10月14日から、東京招魂社の境内で「佛蘭西国曲馬スリヱ」こと、フランスのスリヱなるサーカス団が興行を行っていたのである（※8）。靖国神社に残される歌川広重（3代目）の描いた錦絵「招魂社境内ニテ　フランス大曲馬」の画中に「異人の軽業」の文字が見え、文明開化のシンボルとして観衆に受け入れられた様子がわかる。しかし、あまりに斬新すぎる雰囲気についていけない人もおり、「見物少し。面白からずして価貴く、日は短くなり寒気にも向ひし故なり」と『武江年表』は記す。56歳の青山清は、このアナーキーな光景をどんな気分でながめていたのか。

もっとも悠長に驚いてばかりもおれなかったのは、東京招魂社の正殿建設に取り組まねばならなかったからだ。明治2年6月にできた小祠はあくまで仮殿であり、正殿の柱を建てる立柱祭が明治4年11月7日に斎行されている。それは擬洋風の高燈籠が点燈されるわずか4日前で、以後、正殿の工事が進み、明治5年2月5日に上棟式が行われる。当時の棟札が靖国神社に残されており、表に「東京府内九段坂上第三大区小四区」および「招魂社正殿一宇」と大書きされている。そして向かって左に「干旹《時》明治五年歳次壬申二月五日」、その下に右から「従四位兵部大輔　山県有朋」「正五位兵部少輔　川村純義」「正五位兵部少輔　西郷従道」と陸海軍のリーダーたちの名が並ぶ。裏には上段に右から「正六位兵部少丞　石井灊吉」「正七位陸軍中佐　小澤武雄」「正七位　楠目正幹」と並び、下段も右から「兵部大録　高柳邦秀」「兵部大録　佐藤金義」、続いてひと回り小さな字で「餘者不遑枚挙因而略之」と墨書が見え、以下は省かれている。続いて「兵部中録　松岡重信」、末尾に祭事掛の「青山清」の名が見える。

青山以外がすべて軍人だったのは、東京招魂社は兵部省の管轄だったからだ。同時に徳川時代の身分解放の延長線上に、四民平等を実現した大村の近代兵制を浮き上がらせてもいた。

この日の上棟祭では午前6時に正殿の屋上に工匠の神である手置帆負命《たおきほおいのみこと》と彦狭知命《ひこさしりのみこと》の2柱が設置されると、大工たちが装束姿で弓矢を持って屋上に上がった。午前10時には兵部省の官員が参列して庭で清祓《きよはらい》を行い、午前11時には神殿で上棟執行の祝辞を述べ、その後、正殿の屋上で上棟の式と餅まきが行われて、午後1時には直会《なおらい》となる。

続いて5月6日の早朝から、招魂社正遷宮式が行われた。正殿の内外に酒と海潮をまいて清め、午後4時に解除の神事を行い、7日正午には陸海軍官員が参集して神殿祭を行った。祭主は陸軍大輔の山県有朋で、青山は山県の側で祭事掛として祝詞を読み上げた。夕方6時に正殿と仮殿の前で庭燎《にわび》なる神事のかがり火を焚いて両殿に火を灯し、その間に渡るための薦を敷き、仮殿から正殿に神霊を移す遷幸の儀が行われたのは夜中の12時からだ。こうして翌8日の午前10時から饗宴祭が執行されて一連の遷宮祭は幕を閉じた（『靖国神社百年史　資料篇　上』）。

なるほど、「二、三年前は都下の形成寥々《りょうりょう》として、此社《このしゃ》に参る者もなく、却《かえっ》て此社を蔑視する」ほどに場末感が漂っていた東京招魂社であったが、正殿の完成で官民問わず参拝者が増えてにぎやかになったと明治5年5月版の『郵便報知新聞』第二号の記事は伝えている（『増補改訂　明治事物起源　上巻』）。

といっても、まだ神社に必須の鳥居は建っていない。明治6年1月に木製の鳥居が完成したのが最初で（明治17年8月に撤去され、明治20年12月末に青銅製の鳥居に替わる）、それは欧米流の太陽暦の実施期と重なる。続いて2月にキリスト教が解禁され、3月に外国人との結婚が許され、明治天皇もまた断髪して欧化天皇の姿に変身する。日本は革命的なモダニズムに彩られていた。そして10月に西郷隆盛の辞任と、それに連動した板垣退助、後藤象二郎、江藤新平、副島種臣たちが下野する明治六年の政変が起きている。

こうした大変革は青山清の郷里・山口県も例外ではなく、明治5年10月28日に大蔵卿・大隈重信の名で旧萩城の払い下げ指令書が達せられて、入札が始まっていた。その結果、明治7年5月に、3000円たらずで萩城は落札、解体されるのだ(『萩の百年』)。

筆者の父(堀潔)の従姉妹・桜江充子さん(宇部市東小羽山在住)が、祖母の野村ヒサ(青山清の孫娘)から直接聞いたところでは、「青山春木は東京に呼ばれて上京したとき(あるいは上京中)に突然病気で亡くなった」ということである。すでに見たように、椿八幡宮近くの青山大宮司家墓所「大夫塚」(平成20年3月に塩見家敷地内に移転)の「青山春木之墓」には、「明治六葵酉年十二月二日　於東京死　享年廿三歳」と刻まれている。「従五位下」という貴族身分にもかかわらず、青山春木が「宮司」として椿八幡宮を継ぐことができなかったのも、父たちの国家神道運動の想定外の余波であったのではあるまいか。

ところで前々より気になっていたことが、もうひとつあった。萩の大夫塚の八角形の墓石や、東京青山本家の『宗源宣旨』に④青山宗直が「従五位下」、⑤青山敬光が「従五位下」、⑦青山忠雄が「正五位」、⑧青山長宗が「従五位下」、そして最後の大宮司となる⑩青山春木が「従五位下」といった調子で、青山大宮司家の約半数が「従五位下」以上、すなわち貴族階級であったことだ。

恐らく墓所が大夫塚と呼ばれたのも、「大夫」が五位の通称だったからであろう。

一方で、維新革命に活躍した青山上総介こと靖国神社初代宮司・青山清は、なぜか「従七位」止まりなのである。それも危篤に陥り、亡くなる3日前の明治24年2月3日に、陸軍省副官の志水直（中佐）が、「招魂社創立以来宮司ノ職ニ従事シ　廿年間詰据経営同社ニ対シ　功労少ナカラス　且ツ同人儀ハ　積年勤王之志厚ク　維新前既ニ内山口藩ニ於テ王事ノ為メ　東西ニ奔走シ其事跡見ルヘキモノモ有之候」（明治24年「貳大日記二月」アジア歴史資料センター）と具申して、どうにか「正八位」から引き上げられたに過ぎなかった。国立公文書館蔵の『明治廿四年　官吏進退叙位　十』によれば、正式に「叙従七位」に決まったのは、亡くなるわずか2日前の、2月4日だったようだ。青山大宮司家全体では、「従七位」は高い位ではなく、低位である。維新前後で位階のシステムが変わったとはいえ、青山清は明治維新史からも見放されたように見える。

明治天皇と「彰義隊の墓」

明治6年12月28日に太政官は「各地招魂社々地ノ税ヲ除キ官費ヲ以テ祭祀及修繕ス」（『太政官類典第二編』）と布告した。全国各地の招魂社運営を官費でまかなうとの通達であり、事実上の国家神道の始まりだった。これより5日前（12月23日）には、東京招魂社を陸軍省の第一局の管轄下に置くことも陸軍省は伝えていた。

明治天皇が初めて東京招魂社に御親拝されたのは、こうした一連の通達が出された直後の明治

7年1月27日である。その日は例大祭日だった。年末に萩で椿八幡宮の跡継ぎになるはずだった23歳の息子・春木を亡くしたばかりの青山清は、東京招魂社の祭事掛（事実上の宮司）として天皇を迎える。

準備は1月25日から行われ、明治6年1月に完成したばかりの木製の大鳥居や門にしめ縄を張ったり、52本の竹を立てたりした。翌26日には陸軍少佐の葛岡信綱や陸軍中尉の谷田義直が出張して青山清と打ち合わせを行い、続いて海軍中主計官の桜井貞が来て、夕方4時から谷田が「祭主代」を務め、青山が清め祓いの神事を行った。その晩は、青山と谷田が明治5年5月にできたばかりの本殿で一夜を過ごす一方で、6人の人足が灯明をつけるなどの雑用をこなし、天皇用の椅子1脚と、椅子を覆う錦布と敷物用のテレンプ（パイル生地）、あるいは昇殿用に殿内上段まで「二巾」(約5メートル）の長さで敷かれる絨毯などを用意した（『靖国神社百年史　資料篇　中』「社務日誌」）。こうして翌27日の例大祭日に、天皇の行幸を迎えるのである。

「社務日誌」には、「廿七日　晴　行幸ニ付献供時限ゟ《より》早メニ致候事。祭主陸軍卿　山縣殿……」と見える。祭主の山県有朋が神前で祝詞を奏し、先勅任官が石段の下に立ち、陸海軍は左右に列して天皇の到着を待った。午前7時に皇居を出た天皇は、山県の祝詞奏上後に九段に到着すると、神門内で馬車から下りて殿内の玉座に進んで親拝し、赤地錦と青地錦の各1巻を神前に供えると、「我国の為をつくせる人々の　名もむさし野にとむる玉垣」という御製を詠んだ（『明治天皇紀　第三』）。後に「明治七年一月二七日招魂社にいたりて」と題を付けた御製を懐紙に宸書したものが、今も靖国神社に所蔵されている。

明治天皇と向きあった陸軍トップの山県は天保9年（1838）生まれなので、まだ32歳である。長州藩では士族にも入れぬ中間《ちゅうげん》の出自ながら、維新後は初代陸軍卿にまで上り詰めていた。その一方で59歳の青山清は祭事掛として、山県に仕える形で一切を取り仕切った。顧みれば「青山上総介来談」と『定本　奇兵隊日記　上』に見えたのが文久3年（1863）11月14日である。同22日の記述には「山県小輔」こと山県有朋が「帰陣」とあるので、奇兵隊に出入りする親子ほど年の離れた2人は、そのころ出会っていたはずである。慶応元年（1865）8月6日の下関桜山招魂社における最初の招魂祭でも、年長者の青山は山県を助ける形で、この大事業を成功させていた（『白石家文書』「白石正一郎日記」）。それからわずか10年ほどで徳川幕府は倒壊し、山県は陸軍のトップにのし上がり、東京招魂社で天皇を迎えたことになろう。そんな山県を、古い社家に出自を持つ青山はどんな気分で眺めていたであろうか。老齢の青山の肩書は、たかだか陸軍省の「十等出仕」（『明治七年官員録』）に過ぎなかった。

ところで明治天皇の御親拝には続きがあった。天皇を送り出した官員たちは招魂社内で神拝式を行い、「撤供《てっく》」（神殿に備えたものを食す儀式）となった。山県は5膳、西郷従道と鳥尾小弥太は3膳、三浦梧楼は2膳、迎えた側の青山は1膳である。しかし、そんな平穏を打ち破る事件が、直後の明治7年2月15日に九州で起きるのだ。佐賀で江藤新平が征韓党を率いて決起したことで、新政府軍は2月19日に征討令を出し、いわゆる佐賀の乱の鎮圧にかかる。その結果、同年8月27

日に東京招魂社で官軍側犠牲者192人の第2回合祀が行われ、11月5日にも追加の戦死者16人の招魂式（第3回合祀）が行われる。続いて「嘉永六年癸丑以来憂国慷慨ノ士」を東京招魂社に合祀するように内務省が通達したのが翌明治8年1月25日である。これで東京招魂社は、本格的に国家の祭祀場となっていく。

しかし3日後（1月28日）の『読売新聞』が報じたのは、官軍に敗れた旧幕府側の戦死者たちの墓誌を「東京上野の山王台」に建てるニュースだった。『幕末血涙史』によれば、明治7年10月ころから彰義隊戦死者の建墓が出願されたというので、こうした流れを報道したものであろう。記事に見える「東京上野の山王台」とは、現在西郷隆盛の銅像の建つ上野恩賜公園の高台である（西郷像は明治31年12月18日に除幕式が行われる）。ここに建てられる賊軍墓誌は、「高サ二丈五尺二寸九輪ハ鋳ものにて廻りの玉垣ハ石にて造り間口十間奥行九間高サハ七

上野公園内の彰義隊の墓

尺で有る」というので、現在、西郷像の後ろに鎮座する「彰義隊の墓」がそれとわかる。彰義隊の生き残りで、徳川慶喜が一橋藩主時代の側近家来だった小川興郷が、同志たちの火葬場だった場所に墓を建てる行動に出たのである（遺骨の一部は南千住円通寺内に合葬）。

面白いのは、こうした動きに水を差すように、明治天皇が明治8年2月22日、東京招魂社の臨時大祭に2度目の御親拝をしたことであった。するとまた5月9日付の『読売新聞』が、「彰義隊や其節討死《そのせつうちじに》した人達の社が出来る」という投書を載せるのだ。多くの人々が地築きをしたり石を運んだりと、無報酬で作業に身を投じる者がいると語り、「招魂社ハ競馬ヤ揚火ハ見に行ッても参詣する人ハ少なく賽銭箱へハ石が投込んで有といひます」と東京招魂社の不人気ぶりを揶揄しつつも、「これからハどちらへも参詣する様にいたし度《たい》」と続けている。

この時期の『読売新聞』は靖国嫌いだったようで、9月4日付の記事でも競馬や相撲や花火など祭りのときは騒がしいが、「平日《ふだん》ハ寂寥《ものさび》しく参詣する人とても見ませぬ」と、東京招魂社を見下すような投書をあらためて掲載した。投稿人は、浅草寺のように境内に商店を出したり、見世物人形や軽業、盆栽などを出したりしたら、「荒野《あれの》も却《かえ》ッて繁華の地とならん」という無責任な改善策まで提案していた。

佐賀の乱から火がついた反新政府意識が「彰義隊の墓」を誕生させ、明治維新のやり直しを求める機運を高めたことは間違いない。没落者たちの新政府への不満は、明治9年10月の神風連の乱から、秋月の乱、萩の乱との連鎖を招き、明治10年2月から9月までの西南戦争でクライマックスを迎えた。しかしこれらの内乱は、その鎮圧において犠牲となった官軍側戦死者を東京招魂社へ合祀する流れを加速し、近代における新たなコントラストを演出する。そこに賊軍と官軍の意識が再確認された。

とはいうものの、上野が徳川時代を懐かしむための聖地になったわけではない。博物局所属公園として開園したのは明治9年5月であったし、同年12月1日の『郵便報知新聞』は「上野公園改造計画」と題して、現在の上野動物園の源流ともいえるプランを報じていた。清水谷に巨大な池を掘り、周囲に堤をめぐらせて島々を浮かべて橋をかけ、水牛やトド、クマ、ヒグマ、シカ、オオジカ、イノシシ、ヒツジなどを放つという無柵式の動物ランド計画である。あるいは不忍池の周囲の沿道にも、バラ科の落葉小高木の海棠《かいどう》やシダレヤナギを植えるとのことで、「彰義隊の墓」の建設も、寛永寺境内の「上野公園改造計画」に沿って進んでいたことがわかる。上野は旧幕府側の意識を刻印しながら、一方で新政府に直結する九段の近代意識と向きあう場所として、独自の風景を模索したのだ。

顧みれば平成28年10月に、元衆議院議員の亀井静香氏や石原慎太郎氏らが、「賊軍」と呼ばれた旧幕府軍や西南戦争で敗れた西郷隆盛たちを靖国神社へ合祀してほしいとの請願活動を始め、第11代靖国神社宮司で徳川慶喜の曽孫・徳川康久氏がこれに呼応したことで、ある種の政治問題化した。その延長線上に徳川宮司の辞任騒動（平成30年10月）まで起きるわけだが、官軍側のシンボルとして九段に出現した東京招魂社に、敗れた徳川幕府軍側が合祀してほしいという気持ちをそもそも持っていたかどうかは疑問である。木戸孝允が当初、招魂社建設を上野に計画しながら、結局は大村が「亡魂の地」を避ける形で九段に設定した意識とも、そのことは深く関係していたと見るべきだろう。

一方で、上野における「彰義隊の墓」建設計画は一筋縄ではいかず、明治14年12月にようやく完成を見た（『幕末血涙史』「山王台彰義隊戦死者墳墓の由来」）。また一方で「彰義隊の墓」の建設作業の滞りと並行して、靖国神社では西欧主義が鮮やかに開化していた。

まずは明治10年1月5日付の『読売新聞』が、「九段の招魂社前の芝原へ此程西洋の庭が出来ます」と報じたのが、それであった。続いて神風連、秋月、萩の各乱の鎮圧に際して犠牲になった131人の官軍兵士合祀が1月24日に東京招魂社で斎行されると、あたかもこれに反発するように2月15日、西郷隆盛が私学校党1万5000人を率いて鹿児島を出発、西南戦争が始まるのである。

こうしたなか同年5月4日付の『読売新聞』は、「九段の招魂社の廻りへ陸海軍省よりランプ燈を数百台寄付になりました」と報じた。明治9年2月から同11年5月まで日本に滞在したフランス軍士官ルイ・クレットマンが撮影した東京招魂社の写真（『フランス士官が見た近代日本のあけぼの』所収）を見ると、なるほど明治6年1月に建てられた鳥居はまだ新しく、その奥の拝殿まで、西南戦争中に奉納された西洋ランプが並んでいる。九段は官軍の慰霊施設であると同時に、当時のグローバリズムを象徴する場にもなったのだ。一方で、こうした欧化の圧力に押しつぶされるように、明治10年9月24日に西郷は城山で自刃し、西南戦争は幕を閉じた。官軍側戦没者6478人の招魂祭が東京招魂社で行われたのは11月12日で、これが第8回目の合祀となる。11月15日付の『読売新聞』は、「社の東南の隅」の招魂斎庭に「十間四方」の棚と柵をこしらえ、北向きに招魂場を設けて新たに鳥居を建て、左右に篝火《かがりび》を焚いて黄色の旗を2つ立て、午後4時から陸海軍の官員たちが参集して招魂祭が行われたと報じている。青山清が山口県に戻るのは、この大イベントが終わった後の12月23日であった。

青山の帰郷目的は、下関の白石正一郎が赤間宮（旧・阿弥陀寺）の宮司に就任した祝いのためで、当日の白石の日記には「南野氏誘引ニて青山の後妻も来ル」と記されている（『白石家文書・補遺』）。この「南野」こと南野一郎は元奇兵隊士。「青山の後妻」は、後に東京で後妻となる妾「よう」とは別人であろう。ようは元治元年（1864）生まれなので、明治10年時点ではまだ13歳に過ぎず、「後妻」になるには少し幼すぎる。正妻の増子が明治7年10月に没したことで、新たに東京で見つけた女性だろう。青山は当時62歳であった。ともあれこの日、青山から東京土産をたくさんもらった白石は、水晶の印鑑を作り替えたいと青山に頼んだとも日記に書いている。

それから3カ月が過ぎた明治11年3月14日の日記に白石は「東京第三大区三小区三十四番　青山清より水晶印返し来ル　昨日受取」（『白石家文書・補遺』）と書いているので、頼んでいた水晶印が届いたようである。青山の手で160人にのぼる西南戦争・官軍側戦死者の追加招魂祭（第9回合祀）が東京招魂社で斎行されたのは、さらに4カ月が過ぎた明治11年7月3日であった。

翌日の7月4日付『読売新聞』が、「九段の招魂社の境内ハ昨日より瀧が落ち水盤の吹き水も出る様になり……」と伝えたことで、西南戦争の終焉が西欧庭園の噴水に象徴されていたことがわかる。

しかしこうしたなか、西南戦争の論功行賞に不満を抱いた竹橋門内屯営の近衛砲兵大隊が、明治11年8月に暴動を起こす。このため軍に新たな殉難者4人が出て、東京招魂社では11月5日に第10回目の合祀が行われた。竹橋暴動の首謀者の処刑は11月15日に行われ、近代への脱皮に向けた混乱が、ここでひとまず終わったのである。それは明治という新時代が、名実ともに幕を開けたことを意味していた。

面白いことに、乃木希典の日記（『乃木希典全集　上』）に青山がたびたび登場するのが、そのころからだった。例えば明治11年10月16日に「午後青山来ル」、17日に「青山ト議談ス」、21日に「青山清ヲ訪不在」、22日も「青山ヲ訪又不在」、そして23日に「青山ニ招魂社ニ逢ヒ祭事ヲ託ス」と見える。西南戦争に従軍した乃木は、明治11年の年明け早々に勲四等を叙せられ、8月には鹿児島藩士・湯地定之の四女・阿七こと静子と結婚したばかりの30歳だった。このとき乃木が青山に求めた「祭事」が、父・希次の一年祭であったことが、「本日阿爺一周祭。午前青山神官来ル。来客二十七名」とつづられた30日の日記からわかる。希次は前年10月31日に東京で病没したが、戦死でないため靖国神社での慰霊祭はできず、個人的に青山を自宅に招いて一年祭を行ったのである。その後で乃木は、「本臺ヨリ至急ノ呼出シ来ル。出頭」と書いている。西南戦争後の処理に相変わらず追われていたようだ。

陋習を破る遊就館

靖国神社の拝殿へ向かって右側の位置に、遊就館《ゆうしゅうかん》が建つ。伊藤忠太らの設計により昭和6年10月に竣工、翌昭和7年7月に開館した、和風を基調とした近代東洋式の外観で、現在では平成14年7月の改修を経て、ガラス張りの玄関ホールから中に入ってすぐの所に、三菱零式艦上戦闘機五二型が展示されている。もっとも明治15年2月25日の開設当初から、遊就館は軍事兵器を展示する戦争博物館だった。

ただ現存の建物は、大正12年の関東大震災で大破したことで再建された2代目である。最初の遊就館はすでに見たように、イタリアから来たお雇い外国人、カッペレッティーによる設計で、その全景は隈元謙次郎の『明治初期来朝　伊太利亜美術家の研究』で見ることができる。驚くべきはイタリアの古城を彷彿させるロマネスク様式を前面に押し出した挑発的なバタ臭さで、とても神社境内の建造物とは思えない風貌だったことだ。井上馨がイギリス人建築家のジョサイア・コンドルに設計を依頼して、明治16年11月に開館した欧化主義のシンボルと評された鹿鳴館より2年半以上も前に、鹿鳴館を凌駕する洋館が靖国神社内に造られていたのである。

もっともそれは、明治元年3月14日に明治天皇が示した五カ条の御誓文の「旧来ノ陋習《ロウシュウ》ヲ破リ」の意識の具現でもあった。遊就館の創設プランは、西南戦争が幕を閉じた辺りから表面化する。

明治11年2月2日付で陸軍卿・山県有朋が、華族会館長の岩倉具視に宛てた「陸軍省照会」（『靖国神社百年史　資料篇　中』）の手紙に、その実情が確認できる。すなわち西南戦争時に華族から病院費など3万円あまりを政府にもらったが、若干の余剰金が出たのだという。ちょうど東京招魂社の境内に絵馬堂を建てる話し合いをしていた最中だったので、その費用の一部に当てたいが、それで構わないかとの問合せである。これに岩倉が2月20日付で、「勿論異存無之」と答え、当初は絵馬堂の建設話として進んでいったのだ（※9）。

後に田中光顕が明かしたように、山県の判断で余剰金を招魂社境内の絵馬堂建設に使ったのは事実であったらしい（昭和7年4月7日の「遊就館日誌」「田中伯談話ノ要旨」）。ところが明治11年11月20日付の『読売新聞』は、「近々に九段の招魂社の境内へ展観所といふが取建になり陸軍省より日本古代よりの武器類を陳列されて諸人へ縦覧を免《ゆる》されると」と報じた。絵馬堂が「武器類を陳列」する展示場へと変更されたのである。近衛砲兵大隊が明治天皇に直訴する竹橋事件が明治11年8月に起きており、こうした社会混乱の収拾の目的もあって、開国近代主義をアピールする軍事博物館建設の必要性があったのだろう。そして実際、年が明けた明治12年1月6日付で、「掲額幷《ナラビ》ニ古来ノ武器陳列場」を「一宇」新たに建てることへの許可が下りるのだ。その建設費用は、「華族会館ヨリ献納ノ金額ヲ以テ仕拂」ということだった（「陸軍省第一局長小澤武雄伺書」）。

華族たちは靖国神社に理解を示し、同12年2月28日には石燈籠60基を献納して「之ヲ旧馬場ニ建ツ」と『靖国神社誌』（明治四四年刊）は記している。現在、大村益次郎の銅像の建つ参道両側に並ぶ30対の石燈籠の列が、このときの奉納品であった。遊就館の建設工事は5月6日から始まる。陸軍省がカッペレッティーと協議したところ、凝った装飾を施す図面だったことで、「費用モ許多《アマタ》ニ」になるといった苦労もあったようだ。

面白いのは、遊就館の建設の目途が立つタイミングの明治12年5月30日に、陸軍省から「東京招魂社　右靖国神社ト改称　別格官幣社ニ被列」と許可が下り、6月4日に靖国神社に改称されたことである。ここに見える「別格官幣社」とは、「人を神として祀る新たなジャンル」を「別格」とし、「官幣社」にしたことを意味していた。そしてこれは明治5年に創建された湊川神社のように、楠木正成だけを祀るのでなく、近代戦争で亡くなった臣下を総合的に慰霊祭祀する、民主的な国家祭祀システムだった。

こうした流れに沿って、明治4年8月から東京招魂社の祭事掛を務めていた青山清が、同12年6月16日付で靖国神社初代宮司にスライドしたのである。アジア歴史資料センター（アジ歴）で公開されている内務省文書「六月一八日　内務省　任靖国神社宮司青山清外及御報候」には、6月16日付で「東京府士族　任靖国神社宮司　青山清」と確認できる。廃藩置県時に上京したためか「東京府士族」になっており、本来の出自の「長州」が消されているのは気にかかるところだ。

実際、山口県で吉田祥朔《しょうさく》が編んだ『増補　近世防長人名辞典』には、「青山上総」の項が一応はあるものの、彼の幕末までの経歴は詳述しながらも、末尾は「同六年一家他国に転退してその後の事知られず」と妙によそよそしく終わり、靖国神社初代宮司となった「青山清」の存在は記されていない。その理由が「東京府士族」となったからかどうかは不明だが、宮内庁三の丸尚蔵館に保管される明治天皇旧蔵の青山清の肖像写真（本書口絵）にも「権少教正　青山清」という説明書きの下に、やはり「東京府士族」と墨書されている。青山清が自分で「長州」の出自を消したのかもしれぬが、とにもかくにも彼は靖国神社の初代宮司に収まり、ナンバー2の禰宜には京都・賀茂御祖《かもみおや》神社の禰宜だった黒神直臣が任命された。ちなみに黒神の肩書は「山口県士族」で、本来は遠石八幡宮（現・山口県周南市）の社家である。『徳山市史史料　下』の「黒神直臣履歴」によれば、天保6年（1835）に周防徳山で生まれているので、当時は44歳だ。続く主典は「茨城県士族　石井懿」「静岡県士族　東流直昌」「石川県平民 井田孫一郎」の3人であるが、注目すべきは新生靖国の幹部である宮司の青山清、禰宜の黒神直臣が、いずれも長州人であったことだろう。いうまでもなく、靖国神社が長州神社であることを印象づける人事であった。

実はそのことは昔はよく知られていた話で、長州ゆかりの詩人・児玉花外も「靖国神社弔魂」と題し（※10）、「靖国神社の前に額づきて　吾は弔へり維新功臣の忠魂英霊　紫の幕のうちより幻に現はれぬ……」と詠んでいる。新たに冠された「靖国」の名は、孔子が編纂したと伝わる中国の史書『春秋左氏伝』の「僖公二十三年」秋の「吾以靖国也（吾《われ》は以《もっ》て国《くに》を靖《やす》んぜんと也《なり》）」から取られ、明治天皇によって命名されていた。「国を靖んぜん」のフレーズには、旧来のアジア的意識の古層に、新たに西洋近代を接ぎ木した斬新な響きがあった。

明治 44 年刊『靖国神社御図』に描かれている遊就館（部分、山口県文書館蔵）

文明開化期のモダニズムを発露する遊就館の国際主義も、東京招魂社から靖国神社への脱皮とともに表面化していた。設計者カッペレッティーは、明治9年に日本で初めて開設された官立西洋美術教育機関・工部美術学校に招聘され、同年8月29日に正式契約を行い、3年契約で主に予科の教授を担当していたと、隈元謙次郎が『近代日本美術の研究』で明かしている。カッペレッティーは西南戦争が終結した明治10年9月、陸軍参謀本部の建設に取りかかり、その工事をしていた同12年5月に、並行して遊就館の建設工事に着工していた。

続いて明治13年末には、遊就館に陳列する武器類の選定整理作業も開始された。同年12月14日付で陸軍少将・小沢武雄が陸軍卿・大山巌に提出した文書には、陸軍省総務局の軍法課が「漸次陳列整頓」しているところであり、「額」「古来之兵書」「旧諸藩ノ置納品」の「武器」などを展示したいと述べられている。添付の「遊就館階下ノ図」は1階の展示計画図で、正面入り口に「額」の展示場、建物に向かって右手に「書籍」の部屋、奥に「番人詰所」があり、建物の両翼に「武器」の展示場が設けられているのが分かる（アジ歴「遊就館へ物品陳列の件」）。展示場である「掲額並武器陳列場」が竣工したのは同14年5月4日で、続いて6日の例大祭に遊就館の見学会を開き、年が明けた同15年2月25日に正式な開館式を迎えている（明治44年刊『靖国神社誌』）。

ところで開館1カ月あまり前の明治15年1月4日に、明治天皇は陸海軍の軍人たちに軍人勅諭（「陸海軍軍人に賜はりたる敕諭」）を下賜していた。「天皇躬《み》つから軍隊を率《ひき》ゐ」という主張は、古代天皇による兵の指揮権回復をうたいつつも、実態は旧藩時代の封建意識から抜け出す軍事の革新であった。古代軍隊の復活を主唱する裏側で、西欧型の近代的軍隊の導入を急ぐ「軍人勅諭」の本心は、靖国神社に西洋主義的な遊就館と、近代国家の慰霊装置としての靖国神社のコンセプトとみごとに一致していた。

イタリア・ロマネスク様式の遊就館が開館した明治15年2月25日は、午前11時から西洋式の軍楽隊が靖国人神社境内で軍楽を盛大に奏楽していた（アジ歴「遊就館ヲ開ク」）。同日の『東京日日新聞』は、「有栖川大将をはじめ両伏見の宮　其他　陸海軍の武官方も臨場せられ、大花火をも打揚らるゝ」と報じている。以来、日曜日ごとに「衆庶の縦覧」ができるようになったらしい。霊殿それ自体が「旧来ノ陋習ヲ破リ」、モダンにリニューアルされた靖国神社となったのである。

その風貌の斬新さは、正岡子規が『病牀六尺』で「綺麗なる芝生の上に檜葉の木が綺麗に植ゑられてをるといふ事がいかにも愉快」と語った言葉からも浮かび上がる。明治35年6月27日付の新聞『日本』で発表したこの文章に、「二十年程前に余が始めて東京へ来て靖国神社を一見した時の感じ」と語っていることで、明治15年の遊就館開館期の風景だったことがわかるが、そんな「いかにも愉快」な気分こそが、西洋風の庭とセットの靖国神社の開明性にほかならなかった。

子規は社殿へ向って右側の庭園が「西洋風を模した」もので、左側が「支那風を模した」ものと語り、そのすべてにモダニズムが満ちていたことに感激していた。なるほど明治26年ごろに刊行された『東京景色写真版』(国立国会図書館デジタルコレクションで閲覧可能)に所収される「靖国神社庭園」の写真を見ても、池に洋式の噴水が設置され、美しく刈り込まれた樹木の並ぶ景色は、とても神社の境内とは思えぬヨーロッパ調である。開館時の遊就館にも、藩政期にオランダ国王から幕府に贈られたウィレム2世とウィレム3世の油絵の肖像画などが展示されていたらしい。これは幕府崩壊後に沼津兵学校に移され、さらに陸軍士官学校へ伝えられたものを、あらためて遊就館に移したものだった(明治15年3月11日付『朝日新聞』)。

一方で遊就館には、戊辰戦争の際に使用された官軍・賊軍双方の鉄砲や刀なども、バランスよく展示されていた。こちらは戦争が終わり、五稜郭に保存されていたものを遊就館に移して公開したものだった(明治15年11月26日付『朝日新聞』)。展示品の入れ替えも行われ、明治16年6月には宮内省の「御物」である、神功皇后が三韓征伐期に用いた鐙《あぶみ》まで展示されている(同年6月

12日付『朝日新聞』)。もはやこうなると好事家の喜ぶ贋作の疑いもなくはないが、ともかくも「面白すぎる戦争博物館」として、遊就館は人気を博したのだ。ついでに言えば、明治23年2月に刊行された『東京名所図絵』には、台湾からの「分捕《ぶんどり》の戎器《じゅうき》」も展示されていたとある。明治7年5月、台湾南部の牡丹郷に西郷従道(西郷隆盛の弟)が進軍したときの戦利品だ。

靖国神社の祭神同様、遊就館の展示品も戦争のたびに追加されていった。日露戦争後、山内岩雄の編集で刊行された明治38年刊の『靖国神社誌』には、日清戦争、北清事変、日露戦争などでの戦利品をはじめ、「武具、服装及、古代の刀剣、甲冑、絵画、建築物の模造、軍人のあぶら絵、軍艦の模造、古文書等数万の物品が陳列されてある」とある。山口県文書館には皇典講究所編纂で明治44年2月11日に発行された『靖国神社御図』が保管されているが、その画面の右端にも、西洋情緒あふれる赤レンガ造のバタ臭い遊就館が顔をのぞかせている。靖国神社は、首都に出現した西洋であった。

幻の「愛魂大遊園」構想

十六弁の菊の紋章入りの神門前に堂々と立つ、靖国神社の第二鳥居(青銅製)は、明治20年12月に建てられた。靖国神社の鳥居は、東京招魂社本殿竣工の翌年である明治6年1月に建てられた木製鳥居が最初で、それが老朽化して明治17年8月に撤去され、青銅製の大鳥居が計画されたのである。木製や石製ではなく青銅製になった理由は、新政府が各地の旧藩から没収した大砲を、大阪砲兵工廠の反射炉で溶かして造ったからだ（明治44年刊『靖国神社誌』）。すなわち、その鳥居は平和の象徴だった。しかし、建設において陸軍省が「雷が落ちて危険だ」と許可を渋ったという逸話まで付いていた（※11）。

いま、この第二鳥居を本殿側から大村益次郎銅像側に向いて眺めると、向かって右の脚に「明治十九年十月建之」、左の脚に「大阪砲兵工廠鋳造」と篆刻文字で刻まれているのがわかる。大阪砲兵工廠で鋳造が着手されたのは明治19年夏で、完成してすぐに建てるつもりだったのだが、明治20年12月ずれ込んだのである。この青銅製の大鳥居が建つと、すぐに明治21年を迎えた。そして同年4月21日付の『官報』が伝えたのが、「嘉永六年癸丑以来殉難死節シタル旧山口藩志士たちを靖国神社に祀るため、5月5日に「招魂式」を行い、翌6日の例大祭で「祭典執行」して合祀するという予定であった。祭事は宮司の青山清の手で盛大になされたが、このとき祀られたのが元治元年（１８６４）に禁門の変で自刃した長州藩永代家老・福原越後であったのが興味深い。福原越後の神霊が、宇部村・琴崎八幡宮に青山清（当時は青山上総介の名）の招魂祭によって祀られたのは、その時から23年も前の慶応元年（１８６５）5月16日であった。その神霊は後年、維新招魂社（現・宇部護国神社）に遷されて今に至るが、あらためて青山の手で、九段の靖国神社に祀られたのである。

実はこのとき合祀されたのは、福原越後だけでない。同じく禁門の変で刑死した益田右衛門介や国司信濃も合祀され、吉田松陰や高杉晋作も祀られた。『官報』に掲載された総数は５２７柱である。京都人の丹波頼徳こと錦小路頼徳と中山忠光の２人の公卿を除く５２５柱は、いずれも純粋な長州藩士だった。この長州人の大量合祀は、翌明治22年２月11日に発布される大日本帝国憲法を見越してのものだったと思われる。近代国家の開幕に先駆け、幕末維新の官軍側戦没者の、なかでも長州人の合祀を先行することで、長州藩閥のアイディンティティの確立を図ったのである。無論、青山清にとっても感慨深い神事であったに違いない。

明治44年刊『靖国神社誌』の「事歴年表」には、この明治21年５月５日に西南戦争の官軍側戦没者１人と、「旧山口藩士」（※12）６０１人、「旧高知藩士」（※13）５人の招魂祭を行い、翌６日の例大祭に「合祀祭」を行ったとある。官報発表後も合祀者が増えているが、いずれにせよ「長州神社」としての靖国神社が、この時点で完成されたのだ。

ところが、それから半年が過ぎた明治21年11月２日付の『読売新聞』と『朝日新聞』に、「愛《あい》魂大遊園《こんだいゆうえん》」という、同じタイトルの記事が登場した。内容もほぼ同じで、有志者たちが「荏原郡鈴木新田十余万坪」に西郷隆盛を始めとする「維新前後の名士にて非命の死を遂たる人々」を顕彰する記念碑を建て、周辺に競馬場、剣劇場、書籍院、公会堂、演芸堂を建設するというのである。このための創設事務所が棟上式を終え、近日中に事業に着手するとも見える。この「荏原郡鈴木新田十余万坪」の場所は、現在、羽田空港のある東京都大田区羽田空港１丁目・２丁目の一帯であった。東京モノレールの羽田空港国際線ビル駅界隈であるが、「鈴木新田」の地名は、羽田猟師町の名主だった鈴木弥五右衛門によって低湿地が開拓された故事に由来していた。

そんな新聞記事が出て3週間あまりが過ぎた明治21年11月29日付の『朝日新聞』に、今度は愛魂大遊園創設計画に関する広告が登場する。西郷だけでなく、そのほかの「英雄豪傑」たちも顕彰するという意見広告だった。挙げられている名前を転載してみよう。

水戸天狗党の武田耕雲斎と藤田小四郎（藤田東湖の四男）
桜田門外の変に参加した水戸藩士の森五六郎
安政の大獄で斬首された頼三樹三郎と橋本左内
禁門の変時に殺害された平野次郎こと平野国臣
天誅組で決起した松本謙三郎こと松本奎堂《けいどう》
京都で河上彦斎らに殺された洋学者の佐久間象山
薩長同盟に尽力した坂本龍馬
幕末の混乱で切腹した天童藩家老の吉田大八こと吉田守隆
林桜園の門下で熊本藩士の轟武兵衛
佐賀の乱で処刑された江藤新平と島義勇
西郷隆盛に従い西南戦争で戦死した桐野利秋と篠原国幹
同じく西郷軍に従軍して刑死した池辺吉十郎
萩の乱の首謀者となった前原一誠

千葉県庁襲撃（思案橋事件）を企てて獄死した永岡久茂
新政府転覆の嫌疑で獄死した雲井龍雄

その主張は、「国家の為めに尽力したる尊王愛国の人士」ながら「朝廷の恩典に與《あずか》らず」、そのまま放置されてきた人たちを、テーマパークを造って慰霊鎮魂するというものだった。事業費として150万円あまりを予定しているので、賛助者は三井銀行の本店および各支店に振り込んでほしいとも書いてある。発起人の浦壁正華（小教正）は、東京・日本橋区橘町で広盛舎なる結社を主宰しており、明治16年4月に、そこから『独立曙新聞』を発行していた自由民権系の人物であった（『自由民権運動と戯作者』）。

そんな浦壁が「朝廷の恩典に與らず」の1人として挙げていたのが、土佐藩の坂本龍馬だった。しかし実際のところ、坂本は明治16年5月の靖国神社例大祭で早くも合祀されていた。『靖国神社と幕末維新の祭神たち』には、坂本龍馬こそが「幕末殉難者の合祀第一号」とあるほどで、それを知らぬまま、半年前の靖国神社での長州藩士たちの大合祀に刺激され「愛魂大遊園」構想をぶち上げたのである。

面白いのはその広告掲載の翌日、つまり明治21年11月30日付の『読売新聞』に、「大遊園創設の事業は決して中止し又はその計画を変更せず」と、浦壁が悲憤慷慨たる筆致で追加の意見広告を載せていたことだ。何と政府側から、「公式を経て埋葬するを得ざる犯罪人の為めに　建碑祭祀する旨を世上に公布する事は　法律規則に抵触するに由り早速取消べし」という通告、つまり圧力があったことを暴露している。浦壁が「尊王愛国の人士」と呼んだ面々の多くは、いまだ「犯罪人」のままであったのだ。

ここにおいて「愛魂大遊園」構想は、『読売新聞』が明治8年1月28日付で第一報を報じた、上野の「彰義隊の墓」建設と同様の困難に見舞われる。浦壁は明治21年12月1日付の『東京朝日新聞』に、「昨廿九日　三十日の紙上に愛魂大遊園の広告致し候処　右文中に錯誤有之に付総て取消す」と、あたかもすべてを反省し、撤回するような言葉を述べていた。西南戦争で敗れた西郷隆盛ら、いわゆる「賊軍」たちの罪が消えるのは、帝国憲法発布時（明治22年2月11日）の大赦令を待たねばならなかった。だが、そんな弱気では情けないと自戒したのか、あるいは同志たちにそそのかされたのかは知らないが、浦壁は計画撤回を表明した広告からほんの数日後の12月4日付『読売新聞』で、再び「愛魂大遊園創設義捐金《ぎえんきん》募集の広告」を出すのである。そして「賛成諸君の金額姓名ハ時々各新聞紙へ報告す」と、あらためての理解を求めた。これは政府の禁止をあえて無視しての行動だったが、浦壁は挑発的な態度で「英雄豪傑」復権のアピールを続け、ついに翌年の帝国憲法発日を迎えたのである。その日、長州出身の西野文太郎が旧薩摩藩士で文部大臣の森有礼を永田町で刺殺し、自身もその場で斬殺されるという事件が起きたが、明治天皇による大赦は予定通りに行われ、確かに西郷の「国賊」の汚名は消え、正三位が贈位された。

直後の明治22年2月17日付の『東京朝日新聞』が伝えたのは「愛魂大遊園設立の着手」と題す

る以下の記事である。

憲法発布の大典に際し大赦の恩命を施こされ　殊に故西郷翁に贈位もありたれバ　弥々《いよいよ》氏ハ是を機として今十七日　芝公園地弥生舎に於て右の祝宴を開き続て大遊園設立の事業に着手する

浦壁が正々堂々と「愛魂大遊園」の建設に乗り出したのである。2カ月後の4月16日付同紙には、「南洲記念碑」という記事も見える。浦壁との関係は不明だが、「贈位の恩典」により記念碑建設の発起人会が「一昨日」、芝公園の弥生舎で開かれ、碑石は尾道から取り寄せ、製作は九段下の石問屋・志石園に依頼するとある。しかしまだ「建設の場所」は「選定」中だった。それが6月に入ると、芝公園の弥生舎近辺に碑を建てることが決まり、旧薩摩藩士で総理大臣の黒田清隆が撰文することになる（六月二日付『読売新聞』「西郷隆盛翁の建碑」）。西郷の世間での人気は高く、10月11日付の『読売新聞』に「増正三位西郷隆盛君銅像図案懸賞募集広告案」が大きく掲載される。「東京市内の公園」に「維新の元勲」である西郷の銅像を建てるため、賞金１００円で彫刻用の「向背二面」の図面を募集するとの内容だ。こちらには政府側の樺山資紀と九鬼隆一の２人が責任者として並んでいる。結論からいえば、この銅像計画の延長線上に高村光雲らの手による西郷像が明治31年5月に完成、同年12月に「東京上野の山王台」で除幕される西郷像ができあがるのだ。すなわち、これが現在の上野恩賜公園に建つ西郷の銅像である。

ところで前出の「増正三位西郷隆盛君銅像図案懸賞募集広告案」が出た明治22年秋に、靖国神社側でも長州人士以外の殉難者を合祀する動きが表面化していた。例えば11月5日には旧福井藩士・橋本左内を始め、旧宇都宮藩、旧小浜藩、旧大村藩の「維新前の殉難者」たちの合祀が行われる。その日、境内の「假屋」で招魂式を行い、翌6日の午前8時から陸軍の軍楽隊士たちが社前で礼拝を行い、9時から宮司の青山清が祭主となって神事が進み、軍楽隊の奏楽が続くといった具合だった。参拝者も陸軍大臣の大山巌、第一師団長の三好重臣、海軍中将の林清康（後の安保清種）、警視総監の折田平内といった錚々たる顔ぶれで、11時から競馬が始まると「非常の群衆」になったという（11月7日付『東京朝日新聞』「靖国神社大祭の模様」）。

一方でこうした動きとは裏腹に、なぜか浦壁の「愛魂大遊園」構想の続報は新聞紙面に登場しなくなる。政府側の重鎮たちが推進する西郷隆盛銅像計画に収斂していったのであろうか。そういえば「愛魂大遊園」で顕彰される予定だった橋本左内は、前述のように明治21年11月5日に靖国神社に合祀され、同じく天狗党の藤田小四郎や桜田門外の変の森五六郎たちも、明治22年5月5日に靖国神社へ合祀されていた。さらには頼三樹三郎、平野国臣、吉田大八たちも明治24年11月5日に靖国神社に合祀されるなど、単独で顕彰活動が進む西郷隆盛以外は、浦壁が求めた「英雄豪傑」たちも靖国神社で神になり始めたのである。客観的にながめると、靖国神社側が顕彰範囲を広げたことで浦壁の構想が意味を失い、自然消滅したように見える。

それにしても、どうして西郷隆盛は最後まで靖国神社への合祀対象にならなかったのであろうか。考えられることは「長州神社」の原形を持つ靖国神社を、薩摩閥自身があえて避けた雰囲気である。明治新政府は薩長藩閥と呼ばれたが、政府内部では互いにライバルで、足の引っ張り合いが続いていた。先に見た長州の西野文太郎が薩摩の森有礼を刺殺した事件もそのひとつであったし、大蔵省内部でも長州の井上馨と薩摩の大久保利通の間には悶着があった。実際そうした軋轢のなかで明治6年、尾去沢銅山事件によって井上は大蔵省を去り、下野した後に渋沢栄一に国立第一銀行をつくらせたり、益田孝に三井物産をつくらせたりもしている（拙著『井上馨　開明的ナショナリズム』）。「愛魂大遊園」構想の消滅後、浦壁が抱いたような考えが上野恩賜公園での西郷隆盛銅像建立に一本化されていったのは、それが最も自然であったからではあるまいか。

註

※1　昭和19年刊『大村益次郎』855ページ、『木戸孝允日記　一』177ページ。

※2　『靖国の源流　初代宮司・青山清の軌跡』98ページ。

※3　昭和54年4月19日付『朝日新聞』「靖国神社にA級戦犯合祀」。

※4　『奇兵隊反乱史料　脱隊暴動一件紀事材料』111ページ。

※5　明治3年4月付「山口藩公用人　宍道直記」の報告書（マツノ書店版『防長回天史　十二』291ページ）。同様の内容は山口県文書館蔵『朝廷エ御願出控』（毛利家文庫）にも所収されている。

※6　東京都立図書館がＴＯＫＹＯアーカイブで公開。高燈籠については、初田亨「神社常夜灯（高灯籠）に表現された擬洋風建築の性格について」（『工学院大学研究報告　第三九号』昭和51年）を参照。

※7　明治５年１月14日付の文書「招魂社御用掛松岡中録其他御下金」（アジア歴史資料センター公開）では青山一介となっている。

※8『増補改訂　明治事物起源　下巻』には10月26日からスリヱのサーカス興行が始まったと見えるが、ここでは国立国会図書館蔵の大文字屋甚四郎の木版墨摺「佛蘭西国曲馬スリヱ」の説明を採用した。

※9　椎名仙卓「軍事博物館の誕生〝遊就館〟」（平成元年10月25日発行『博物館研究』Ｖｏｌ24、№10参照）

※10　児玉花外は明治７年に京都に生まれたが、父の精斎が長州藩寄組の山内家の家臣で、子供時代から長州の話を聞かされて育っていた。「靖国神社弔魂」は昭和２年１月29日に『防長新聞』に発表された詩。

※11　昭和14年７月29日付『東京朝日新聞』「復せ、七十年前の神域」に見える加茂百樹（第３代宮司）の回想より。

※12　文久３年（１８４６）４月に山口に藩庁が移るまでの２６０年間が「萩藩」で、以後、明治４年７月の廃藩置県までの約７年が「山口藩」。本稿では詳細の区別は避け、通称の「長州藩」を常用した。

※13　土佐藩士のこと。

付録　2人の宮司はなぜ靖国を去ったのか

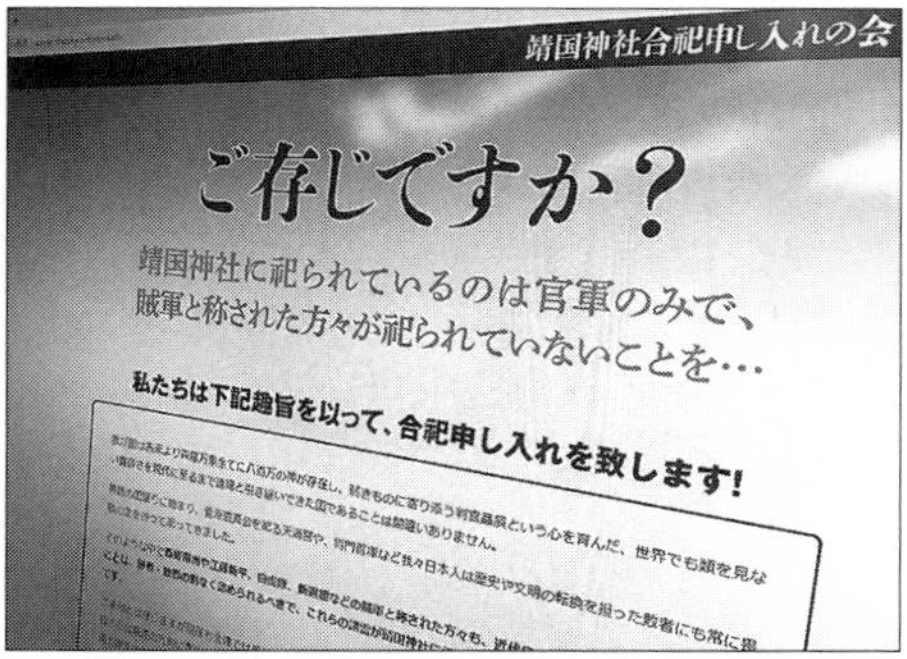

元衆議院議員・亀井静香氏らが立ち上げた、靖国神社へ「賊軍合祀」を要望する団体のホームページ

徳川康久宮司の違和感

徳川幕府第15代将軍・徳川慶喜を曽祖父に持つ徳川康久氏が、靖国神社の第11代宮司に就任したのは平成25年1月のことだった。そのことを伝える当時のニュースを、筆者は今も鮮明に覚えている。靖国神社初代宮司・青山清の事跡を親戚縁者たちと協力してまとめた『靖国の源流　初代宮司・青山清の軌跡』を福岡県の出版社・弦書房から平成22年7月に出版して、間もない時期であったからだ。山口県萩市の青山大宮司家墓所「大夫塚」の移転に伴う調査で多くの関係資料が見つかり、靖国神社の長州由来という性質がより強く見えてきた矢先でもある。順序だって、この本の出版の経緯を振り返ろう。

まず資料集めは、青山大宮司家の分流であった高田勝彦氏（鶴江神明宮宮司・故人）が斎主となった大夫塚の移転奉告祭が、萩でなされた平成20年3月から着手された。それから実際の出版までに、2年あまりを費やした。執筆は、安芸国時代の土師青山氏の子孫である青山幹生氏（昭和9年生、故人）と、その弟の青山隆生氏（昭和20年生、日光東照宮神職）、そして長州側の子孫のひとりである筆者で分担した。出版後は『中国新聞』（7月27日付）、『西日本新聞』（8月15日付）、『東京新聞』（同）などで紹介されもした。特に『図書新聞』（9月4日付）ではルポライターの鈴木義昭氏に、「一級の資料というものは、さりげなく世に出るものである」と評していただき、『神社新報』（11月1日）でも京都産業大学教授の所功氏が、「読み易いが、内容的には学術書」と称賛してくださった。また共同執筆者の青山隆生氏は、雑誌『日本』（平成23年正月号）で自ら新刊紹介コーナーで筆をとって紹介、長州由来の靖国神社の姿が、神社界でも広く知れわたった。

本来、他人に公表すべきでない家歴記録の類であったが、少し前から始まっていたNHKのファミリーヒストリーの影響もあり、一般向けの書籍として販売したのだ。おかげで間もなく完売し、その後、新資料も見つかったことで、今度は筆者だけの単著で『靖国誕生　幕末動乱から生まれた招魂社』を、同じく弦書房から平成26年12月に出版した。

前置きが長くなったが、靖国神社の第11代宮司に徳川康久氏が就任したのは、この2冊の「ヤスクニ本」が刊行される間であった。そんなこともあり、徳川家の子孫が靖国神社の宮司に就任したことに、筆者は個人的な違和感を覚えた。もっとも『靖国の源流』が発売された平成22年7月に、青山隆生氏は靖国神社を参拝して第10代宮司・京極高晴氏に同書を贈呈していた。さらには筆者が『靖国誕生』を出したときも、青山隆生氏が平成27年1月に再び靖国神社を正式参拝して、前回同様に贈呈している。このときは山口健史・緒方孝次両権宮司とともに、月次祭《つきなみさい》終了後の徳川宮司も合流して丁重な対応を受けたとの報告を受けた。

ところがそれから1年が過ぎた平成28年に、徳川宮司の「明治維新という過ち」発言が突如としてマスコミに出たのである。問題の発言は、平成31年（令和元年）に靖国神社が創立150年を迎えることに関し、当時いろいろ計画されていた記念事業について、徳川氏が共同通信のインタビューを受けたなかで飛び出した。具体的には、以下の発言である。

向こう（明治新政府軍）が錦の御旗を掲げたことで、こちら（幕府軍）が賊軍になった。

幕末維新期の「官軍」の戦没者を祀ることから始まった靖国神社の宮司が、「賊軍」の立場でそのように口を滑らせたのである。この内容は共同通信に加盟する一部の新聞（平成28年6月9日付『静岡新聞』と6月10日付『中国新聞』）で報じられ、また『週刊ポスト』7月1日号が「〈明治維新という過ち〉発言」と題する記事を出したことで、波紋は一気に広がった。この徳川氏の発言に呼応するように、元東京都知事の石原慎太郎氏や元衆議院議員の亀井静香氏ら超党派の政治家有志が、10月12日に靖国神社を訪問。西郷隆盛や会津藩の白虎隊、新選組など「賊軍」とされた戦没者の合祀を徳川宮司に申し入れると、騒動はさらに拡大していく。

『週刊ポスト』は10月14・21日号で再びこの状況を報じ、『文藝春秋』11月号では共同通信編集委員の柿崎明二氏が「靖国神社が国賊を祀る日」と題する記事を書いた。さらに11月13日号の『サンデー毎日』では、毎日新聞編集委員・伊藤智永氏が「靖国神社改造計画」とブチあげる始末だった。また年が明けた平成29年1月16日号の『ＡＥＲＡ』でも「宗教と日本人」と題する特集内で「靖国合祀に新たな課題」なる記事が出て、一連の問題を蒸し返した。この記事の語るところでは、平成26年8月に靖国を訪れた亀井氏が「賊軍」合祀を徳川宮司に打診し、「徳川宮司はこれに同調した」とあるので、最初から亀井氏がらみの政治工作だった節がある。もちろんマスコミ側も、官軍主導で創建された靖国神社に、賊軍とされた徳川幕府の子孫が宮司として就任し、賊軍合祀に同調したという流れには純粋な興味を持ったのだろう。

一応補足しておけば、ことの発端となった共同通信配信記事のなかで記者に「将来、賊軍とされている方々を合祀することはあり得ますか」と問われた徳川宮司は、「無理だ」と一蹴している。「日本が近代的統一国家として生まれ変わる明治維新の過程で、国家のために命をささげられた方々のみ霊を慰め、事蹟を後世に伝えるというのが前身の東京招魂社を建てられた明治天皇のおぼしめし。政府に矢を引いた者はご遠慮すべきだろう」とも語っており、徳川宮司も一応の理屈はわかっていたようである。もっとも、その言葉自体にある種のシュールさはつきまとう。

青山隆生氏（左）と靖国神社第11代宮司・徳川康久氏（右）

靖国神社とは徳川家にとって、そうまで特別な意味を持つ場所なのである。そんな神社の宮司に、徳川氏はどうしてわざわざ就いたのかという根源的疑問が湧く。
かつて田中光顕は「長州の毛利家は、徳川家によつて十三州の領域を防長二州にせばめられた、その恨みは骨髄に沁み込んでいる」と語り、「敵愾心《てきがいしん》にもえ」る長州は、徳川のいる「東へは決して頭を向けて寝ないやうな有様」と『維新風雲回顧録』で語った。まさに260年にわたる激憤を晴らすべく討幕を成し遂げて出現した、長州由来の靖国神社は、こうした反徳川主義の総決算というべき施設であったのだ。実際、初代宮司の青山清や禰宜の黒神直臣も長州藩出身であったし、2人が手がけた『靖国神社誌』の編纂を引き継いで、明治44年12月に完成にこぎつけた第3代宮司・賀茂百樹（慶応3年生）も、長州の熊毛郡上関村・白井田八幡宮の宮司・藤井厚鞆の三男であった。徳川家と対峙した長州藩人脈に彩られた靖国神社の創建史をながめれば、徳川慶喜の曽孫が靖国神社の宮司になることは、徳川家側にもいい影響を与えないだろうことは、誰でも想像できたことだったのではないか。

これに関しては、戦後に右翼の首魁といわれた田中清玄の次の言葉が的を射ている。

靖国神社というのは、そもそもの由来をたどれば、招魂社と呼ばれて長州など各藩のお社《やしろ》だった。いうなれば長州の護国神社のような存在ですよ。それを大村益次郎（村田蔵六）が東京・九段に勧請し、一般の神社が内務省管理下にあったのとは違い、陸軍省や海軍省が管理していた。したがって長州藩の守り神に過ぎないものを、全国民に拝ませているようなものなんだ。ましてや皇室とは何の関係もない。

（『田中清玄自伝』）

明治39年に北海道函館近郊の七飯村《ななえ》に生まれた田中は、旧制弘前高校時代に革命運動に首を突っ込み、コミンテルンと共産党の指示で上海に渡った筋金入りの元左翼活動家である。しかし昭和5年7月に治安維持法で逮捕されて獄中転向し、天皇主義者になった。もっとも前掲の靖国批判は、左右を経験した自身の政治的見地からではなく、祖先につながる血の慟哭《どうこく》から発せられた言葉だった。その事実は後に続く、「俺のような会津藩の人間にとっては、何が靖国神社だぐらいのもんですよ」というフレーズで明かされる。田中の祖先は会津藩の家老で、戊辰戦争の敗北で北海道に移されたことで、彼は北海道に生を受けていた。

函館五稜郭の戦いの後に北海道開拓使長官となった黒田清隆にとりたてられた田中清玄の曽祖父・田中玄直が七飯村に開拓使庁の畑や実験場を作ったことはよく知られるが、実はその父親（田中の高祖父）であった田中玄純が、会津藩時代の家老だった。すなわち玄純の没後に家老職を継いだ従兄弟の田中玄清が京都守護職の松平容保に従って京都におもむき、3000人の市中見回り組を組織し、近藤勇や土方歳三らの新選組をつくっていたのである。文字通り、祖先の血の系譜を正しく理解していた田中清玄だったからこそ、長州由来の靖国神社の本質を見抜いていたともいえよう。

筆者が徳川宮司に感じたのは、田中が語った「長州の護国神社のような存在」でしかない靖国神社の宮司に就任することに、徳川家の祖先に対する後ろめたさはなかったのかという素朴な疑問だったのである。

近代を揺さぶる賊軍の系譜

靖国神社・徳川康久宮司の辞任が伝えられたのは、平成30年1月24日のことだった。その日の『毎日新聞』朝刊に載った「靖国神社宮司　退任意向」という記事は共同通信の配信で、「定年前の退任は異例」と書き添えられていた。徳川氏の宮司就任は平成25年1月のことだったから、ちょうど5年というタイミングだった。

退任理由は、平成28年の共同通信インタビュー記事で示した、徳川氏の明治維新に関する歴史認識問題に起因していた。徳川家の末裔という立場から、いわゆる「賊軍合祀容認」の考えを表明した、もしくは容認していると取られても仕方ない言動があったからだった。平成29年夏に小学館が発行した、元靖国神社禰宜・宮澤佳廣氏の暴露本『靖国神社が消える日』の存在も、少なからぬ影響があったらしい。宮澤氏は平成18年4月から29年6月までの11年あまり靖国神社に奉職した神職で、国家のために犠牲になった戦没者を祀る靖国神社が、戦後民間の宗教法人になったことで数々の矛盾が表面化していると指摘。そのことが平成28年10月12日に、亀井静香氏らの賊軍合祀申し入れに対する徳川宮司の態度にまでつながっていると同書で論じていた。徳川宮司の存在こそが、会津藩士や西郷隆盛ら「賊軍」合祀の動きを誘発したという内部告発である。

そんな暴露本の影響からか、『週刊新潮』も平成30年1月4・11日号（新年特別大号）で、「みたままつり」から露店を排除したり、神社でプラネタリウムのようにLEDの光で星座を再現するなど、「靖国の伝統を蔑ろにする方針を次々と打ち出して物議を醸した」と徳川宮司を非難する記事を載せた。こうした批判が重なり、徳川宮司は辞意を示したのである。

山口県に住む筆者が確認したところでは前出の『毎日新聞』以外にも、『西日本新聞』『中国新聞』『東京新聞』などの各紙も、徳川氏辞任のニュースを報じていた。またインターネットでは、賛否両論の書き込みが数多く見られた。中でも目をひいたのが、「靖国神社が長州由来であるのを初めて知った」という、おそらく若い人のものであろう書き込みだった。一方で安倍晋三政権への批判も込めて、靖国神社を「長州神社」と揶揄し、徳川宮司をかばう発言もいくつかあった。

1月25日には、インターネット動画配信サイト・DHCテレビの「虎ノ門ニュース」がこの問題を取り上げた。コメンテーターで出演していた評論家の竹田恒泰氏（旧皇族・竹田家出身）の発言が、筆者の印象に残っている。竹田氏は「会津は孝明天皇をずっと守ってきたのだから、（長州が）蛤御門で皇居に鉄砲向けたのはどうなるんだ」とした上で、徳川宮司の靖国神社奉職を「おさまりがいい」と語ったのだ。

竹田氏は続けて、明治維新後、徳川家の子孫と皇室は融和していると語った。会津藩主・松平容保の孫娘は秩父宮に嫁いだ雍仁《やすひと》親王妃勢津子であり、徳川慶喜の孫娘は高松宮に嫁いだ宣仁親王妃喜久子であった。また、旗本の高木家から三笠宮に嫁いだのが崇仁親王妃百合子だという。そうした皇族のお嫁さんたちが集まると、「私たちは賊軍の娘たちよ」と口々に語っていたとも明かしていた。従って靖国神社の宮司に徳川慶喜の曽孫（徳川康久氏）が就いていたのも当然というのが、竹田氏の見解だった。また同じ理由から賊軍合祀の議論も意味がないとして、「（徳川宮司は辞任せず）お踏みとどまりいただきたい」と締めくくってもいた。

なるほど明治天皇の住まいとなった皇居も、「賊軍」の総本山たる江戸城跡に明治になって建設されたものである。皇居内に江戸城天守閣の台座石垣「天守台」が残っているのもそのためで、明治天皇を担いだ新政府が幕府を制圧した、最もわかりやすいシンボルであろう。ただ、そんな明治天皇の玄孫でもある竹田氏にはおそれ多いが、同氏の一連の発言には強い違和感があった。というのも、勢津子妃の秩父宮とのご婚儀は昭和3年であったし、喜久子妃の高松宮とのご婚儀は昭和5年である。百合子妃の三笠宮とのご婚儀にいたっては昭和16年の話だ。いずれも昭和初期で、靖国神社の創建期からは大きく時代が下っている。実を言えば徳川一門から皇族への嫁入りそのものが、昭和初期の賊軍復権運動の意味で行われていたことが重要だったのではないか。それこそが、現代に復活した公武合体運動であったからだ。

ついでに言えば、平成2年6月に川嶋家から秋篠宮に嫁した紀子妃の曽祖父も、会津藩士であった。そして広く知られるように、同宮家長女の眞子内親王の結婚問題は週刊誌ネタになって久しく、皇室の内部崩壊説も出る惨憺たる状況を招いている。

話を戻して、秩父宮に勢津子妃が嫁した昭和3年は、明治元年の戊辰からひと回り（60年経過）した戊辰の年だった。まだ会津が朝敵、賊軍と大っぴらに言われていた時代で、こうした時期に賊軍系の妃が皇族に嫁ぐ慶事は、名実ともに徳川一門の名誉回復の意味があった。実際に会津では提灯行列や旗行列が行われたり、お盆でもない9月なのに盆踊りが開催されたりと、大騒ぎになったらしい（『別冊文藝春秋　第一九〇新春特別号』所載「礼宮妃と会津藩」における会津史学会会長・宮崎十三八氏の発言より）。その後の徳川一門からの皇族への嫁入りも、賊軍復権の意味合いが色濃い。同時にこうした賊軍復権は、維新後に大日本帝国を経営した長州閥の衰退の裏側で起きていたことも、忘れてはならないのである。

少し長くなるが、ここで長州閥の栄枯盛衰を見ておこう。伊藤博文、山県有朋、桂太郎、寺内正毅までが明治維新・戊辰戦争に参戦経験のある長州閥の総理大臣だった。その後を継いだ田中義一も長州閥だが、明治維新のキャリア組ではない。徳川一門と直接戦った経験がないのだ。田中は元治元年（1864）生まれなので、新政府誕生の明治元年（1868）時点では4歳でしかない。無論、戦後に総理大臣となった岸信介、佐藤栄作、安倍晋三にいたっては、明治維新はすでに歴史である。山口県は8人の総理大臣を生んだというが、前半の4人と、それ以後の4人の意味は大きく異なる。

結論から言えば、大正8年11月に没した寺内正毅が最後の長州閥重鎮だったと言えよう。寺内の死によって、長州閥の重石は外された。その時まだ山県有朋は生きていたが、昭和天皇が皇太子のときに嫁した良子《ながこ》妃の縁談をめぐり、良子妃の母方・島津家に色盲の遺伝があることを材料に、大正9年秋から冬にかけて結婚妨害を企て失脚する。この不祥事は宮中某重大事件と呼ばれ、長州閥と薩摩閥の権力闘争と見られたが、実際はそれほど単純ではない。山県が本当に恐れたのは、良子妃の父方が皇室に与える影響だったのではあるまいか。父方の祖父・朝彦親王が、幕末に皇室と徳川家とを結合するために公武合体運動を推進した反長州派の首魁だったからだ。その意味では、寺内没後の最後の長州閥巻き返し工作こそが、山県の宮中某重大事件だったことになろう。

だが前述のように山県は失脚し、大正11年2月に83歳で亡くなる。このとき長州閥は一度、完全に滅びたのだ。それは長州閥が経営してきた明治維新後の帝国日本の崩壊を意味した。そのひび割れから噴き出すように、政治テロが頻発し始めたのも偶然ではない。

例えば大正10年9月に安田善次郎が暗殺され、同年11月には原敬の暗殺事件が起きていた。大正12年12月は皇太子裕仁親王（後の昭和天皇）が狙撃される（虎ノ門事件）。昭和に入るとますます過激なテロが起きる。まずは昭和5年11月の浜口雄幸暗殺。宇垣一成陸軍大臣を首班とする軍事政権樹立を企てた「桜会」のクーデター未遂・三月事件は、昭和6年3月であった。桜会は同年10月、今度は荒木貞夫を首班とする政権樹立を企て、再びクーデター未遂・十月事件を起こす。昭和7年2月には井上準之助と団琢磨が暗殺され（血盟団事件）、5月には犬養毅が暗殺される5・15事件が起きる。昭和8年7月には民間右翼による神兵隊事件が発覚し、遂に反長州閥運動の総決算としての2・26事件が昭和11年2月に帝都を襲う。

越前福井藩主の松平春嶽（慶永）の子で、尾張徳川家を継いだ徳川義親が「三月事件」に資金を流し、2・26事件でも反乱軍を助けたのは（『革命は藝術なり　徳川義親の生涯』）、長州閥衰退に乗じた行動としてとらえられる。前掲の徳川系の妃が皇族に嫁ぎ始めるのは、実にこうした流れに沿った賊軍復権運動でもあったわけだ。その挙句に日本は大東亜戦争に突入し、身ぐるみはがされて敗戦を迎えた。賊軍の系譜が近代日本を根底から揺さぶったのは、今も昔も同じである。

かえりみれば平成30年は、明治維新１５０年目の節目であった。明治改元から１５０年目ということで、長州のＤＮＡを持つ安倍晋三首相は年頭所感で維新に触れながら「高い志と熱意を持ち、より多くの人たちの心を動かすことができれば、どんなに弱い立場にある者でも、成し遂げることができる」と語った。字面通りに受けとれば、徳川幕府を倒し、たった一度の関ヶ原の戦いの勝利で幕府側がでっち上げた身分制度を解体し、官軍という名の「西洋歩兵」で近代日本をつくった明治維新の志士たちを、素直に讃えた言葉に見える。その意味では靖国神社の創建史も、このフレーズにスッポリ収まる。まさに新時代を建設するために犠牲となった「官軍という名の民衆たち」を追悼する装置が、明治2年6月に九段に創設された、東京招魂社であったからだ。

神社の基本デザインは、上野戦争で彰義隊を破った長州藩兵学者・大村益次郎が手がけた。一方で明治12年6月に靖国神社と改称されるなり初代宮司に就任したのが、長州藩で招魂祭をリードした青山清（青山上総介）であった。2人とも長州藩の藩校・明倫館の教師であり、そのまま誕生期の靖国神社にすべり込んだ形である。後に靖国神社が長州神社と揶揄されたのも、こうした背景がある。

ところで気になるのは、今の時代が明治というより、大正の後半から昭和初期に似てきていることだ。そんなカオスの中で、徳川康久宮司の辞任劇が起きたのである。

テレビ討論の一夜

平成30年3月23日、筆者はフジテレビ系の衛星テレビ局・BSフジのニュース番組「プライムニュース」に出演した。番組タイトルは、「靖国神社　宮司交代から考える　西郷隆盛・白虎隊の〝合祀〟とA級戦犯〝分祀〟」だった。

最初の予定では2週間前の放送だったが、北朝鮮情勢のニュースなどが優先されて延期となり、その日になったのだ。ほかのゲストは、靖国神社に西郷隆盛や会津白虎隊などの賊軍を合祀すべきと主張していた亀井静香氏ご本人と、会津に選挙区を持つ希望の党衆議院議員（当時）の小熊慎司氏、そしてA級戦犯の分祀を訴える自民党衆議院議員の野田毅氏であった。

しかし、その日も朝から株価の急落などのニュースが入り、番組前半にエコノミストの永濱利廣氏が飛び入りした。筆者は永濱氏と入れ替わりでスタジオ入りしたが、当初予定の2時間生放送は荷が重かったので、出番が減って実はホッとした。待合室で簡単な打ち合わせをした後、各ゲストや司会の反町理さんたちと名刺交換をして、メイク室でメイクをして出番を待つばかりだった。そのうちに出番が来たのでスタジオに入ると、反町氏とアナウンサーの竹内友佳さんがテキパキと話題を振り分けていた。数台のカメラがゆっくりと移動しながら、発言者の表情をとらえていく。近づいて来た若いスタッフが筆者の背広の上着にマイクを付けてコードを後ろに回すと、「CMはいりまぁーす」の声が飛んできた。そして、「堀さん入ってください」の合図でスタッフが用意した椅子にすべり込んだ。続いて竹内アナが「ここからのゲストをご紹介します」と語り、反射的にお辞儀をする。竹内アナはフリップを使いながら、2月28日に靖国神社宮司を辞任した徳川康久氏のこれまでの「賊軍合祀容認発言」を解説し、その後の3月1日に小堀邦夫氏が後任宮司として着任したことを手際よく伝えた。

竹内アナの言葉が切れるのを待っていたかのように、亀井氏が滝のごとくしゃべり始めた。「前から靖国神社にお参りしていたけど、本来祀られるべき方が祀られてない。(徳川)宮司にお会いをして、あなたの権限で(賊軍合祀を)おやりになったらいかがですかと申し上げたら、徳川宮司も、私も考え方はまったく同感ですと。そしたら今度、お辞めになった。居心地が悪いんでしょうね。そりゃあそうでしょう。徳川に殉じた白虎隊が合祀されてなくて、長州軍が祀られているんだから。そこの宮司をされ続けるのが耐えきれなかったんだね」

筆者に言わせれば、場違いな靖国神社に徳川宮司を引っ張りこんだのも、そもそも亀井氏たち政治家ではなかったのか。そんな疑念がわいたときに反町氏が、「会津の方々は、白虎隊の合祀を望まれているのですか」と小熊氏に質問を投げた。小熊氏も賊軍合祀申し入れの会に賛同して署名したひとりであったはずだが、「白虎隊に関しては祀る、祀らないという議論からも外してほしい」と意外なことを言い出した。反町氏も拍子抜けして「エッ」と声を詰まらせた。

亀井氏が口をはさむ。

「あの憎き長州軍と一緒にね、合祀されるのが嫌だっていうのよ」

賛同するように野田氏が長州をさげすむように笑った。少し腹が立った。

そういえば事前に番組のディレクターから電話取材を受けたとき、筆者は「会津の人たちは本当に靖国神社に祀ってほしいと思っているのでしょうか」と疑問を投げていた。右翼のフィクサーとして知られた田中清玄が、靖国神社について「長州の護国神社のような存在ですよ」と暴露した挙句に、「俺のような会津藩の人間にとっては、何が靖国神社だぐらいのもんですよ」と語っていた『田中清玄自伝』の内容を伝えていたのである。前述した通り、田中清玄は先祖が会津藩松平家の家老であり、長州神社としての靖国の本質をよく理解していた。もしかすると筆者がディレクターに、「田中清玄の言うことが一番理にかなっています。あれが本当です」と語った言葉が、小熊氏や亀井氏にそのまま伝えられていたのではあるまいか。小熊氏が「白虎隊を議論から外してほしい」と唐突に言い出したので、その時のやりとりを思い出したのだ。

山口県人が経営する料理屋に友人を連れて行ったら、以来誘っても来なくなったという、よく聞くようなエピソードを亀井氏が披露した。「その方は会津の方?」と反町氏がたずねると、「会津だ」と亀井氏が堂々とうなずく。バカバカしい。次の瞬間、「堀さんいかがですか」と反町氏に振られたので、思う存分口にした。

「会津の人は頭が固いと思うんです。そもそも無理なんです」

「何が?」と反町氏が首をかしげる。筆者は続けた。

「(賊軍を)合祀することが無理なんです。長州が、幕府に対して戦って亡くなった方を祀るところから招魂祭は始まっているわけです。その延長上に函館五稜郭が陥落して、明治2年6月に靖国神社の母体になる九段の東京招魂社ができております。今さら(賊軍を)合祀するのは、合祀される側も喜ばないと思います。300人(合祀申し入れの)賛同者が集まったという広告(※1)を見ましたけれど、政治家と企業家の方たちばかりで、賊軍側と呼ばれるご子孫たちは全然入ってないわけです。政治主導でやっている。そこに意味があるのかっていうことを感じたんです」

野田氏が発言を否定するように、意地悪な口調で迫る。

「日本の古来の神道ってのはね、御祭神はひとりなんですよ。ところが靖国神社だけは御祭神がいっぱいいいるのよ。だから合祀ということになるのよ。官軍、賊軍ということを卒業することがいいんだね」

何とも的外れな発言である。靖国神社の成立史がまったくわかっていない。しかし野田氏は相変わらず子供を諭すように続けた。

「徳川幕府は欧米と外交交渉をよくやったと思いますよ。あれだけの人材は新政府にはなかったもん。戊辰戦争で幕府側の優秀な人材をかなり失った」

ここまで行くと、かなりフェイクだ。よくこれで国会議員をやっているものだ。小熊氏が、「戊辰戦争の総括がされていないのです」と言葉をつなぎ、続けた。

「あれはなくてよかった戦争と思います。大政奉還でレボリューションは成し遂げられているんです。これで欧米列強から日本は植民地化されずにまとまって発展していこうって体制が整ったのに、無理な戦争をした。会津もやり玉に挙がったのは（松平容保の）京都守護職時代の恨みを一身に買ってしまったから。江戸無血開城の後も会津は恭順の意を示していたのに、（長州軍が）無理難題を吹っかけて攻めて来た」

バカも休み休みに言え。もはや反論するしかない。筆者は口を開いた。

「会津はしなきゃよかった戦争といわれますが、三春藩なんかすぐに降伏しているんですよ。だから会津も早く降伏すればよかったんじゃないかと思います。兵器だって悪いんです。長州は新しい兵器をどんどん入れていくのです。戊辰戦争で近代化を進めていくのです。そもそも（会津は）やり方が古かったんだと思いますよ」

ＮＨＫ大河ドラマ『八重の桜』で美談のごとく紹介された「ならぬことはならぬものです」の言葉も、旧態依然たる会津藩の後進性を表しているに過ぎない。こんな思考停止状態で、維新期のグローバル化に対抗できるはずはないのだ。にもかかわらず小熊氏は、「薩長側は徳川をつぶそうという思いがあったので、軍備増強をしていくわけですけど、われわれは平和を望んでいた」と被害妄想的に開き直る。公武合体によって朝廷と徳川幕府をつなげたところで、チョンマゲと着物、刀なんぞの格好で西洋列強と対決できるわけがない。まして「平和を望んでいた」とは笑止千万。ところが驚いたことに与党側の野田氏が、「人材は、旧幕府にそれなりにいたんですよ」と、野党の小熊氏の肩を持つ。

「堀さん、今のお話、いかがですか」と反町氏に言われたので言葉を返した。

「それだけの人材がいたとすれば、安政の五カ国条約とか不平等条約を突き付けられてですよ、手を上げて何もできなかったのは、どうなるのですか」

野田氏が感情的になって、「いや、そんなことはない」とさえぎる。筆者も祖先の名誉にかけて負けるわけにはいかず、口調はおのずと強くなった。

「長州が新政府をつくったから、日本は（西欧列強の）植民地にならなかったわけでしょう」

次の瞬間、3人の国会議員（元を含む）から「そんなことはない」と大合唱をくらった。政治家相手に四面楚歌だ。追い込まれる筆者に、「堀さんは長州の人だと思ったほうがいいんですよね」と反町氏。何という慰めかたかとあきれると、「ほかの3人は旧幕府軍の人材はよかったけど、幕府側の人材を皆殺しにするために長州が戊辰戦争をしかけたって言っているのですが、堀さんは旧幕府軍の人材はよくなかったっていわれるんですよね」と反町氏が火に油を注ぐ。

亀井氏は「人材なんて話じゃないんだよ」と吐き捨て、「薩長がね、自分たちが支配をするためにやっただけのことだから。長州が会津を攻めた時なんか、殲滅《せんめつ》作戦みたいなことをやっている」と攻勢を強める。明治元年5月から7月にかけての「白河口の戦い」のことを言いたいのだろう。だが「殲滅作戦」は言い過ぎだ。実際、戦争が一段落した旧盆に、敵味方なく戦死者を地元民とともに弔う盆踊りに長州藩兵も加わり、それを長州藩に持ち帰った「白河踊り」が、今なお山口県では80カ所以上で確認されている。再び反論するしかない。

「長州が（会津側の）墓を作るなと命じたと語られてきましたが、あれも違っていたことが、去年の秋に福島県の郷土史家の方が資料を出してわかりました。感情論で長州が全部悪い形になっているんじゃないかと思います」

平成29年9月25日の『福島民報』に掲載された「会津藩士埋葬の資料発見」と題する記事をもとに、そう述べたのだ。記事によると「西軍」こと官軍側が会津藩降伏後も遺体の埋葬を許さず、半年後の明治2年2月に埋葬が行われたとの言い伝えがあったが、実際は降伏直後の明治元年10月に567体もの遺体を埋葬していたことが、資料で判明したという内容だった。これで説得できるはずだった。しかし亀井氏も野田氏も「長州が悪い」と語るばかりで、人の話を聞かない。長州藩士・佐藤寛作（信寛）の血を引く総理大臣・安倍晋三氏への批判も重なっているのか、なぜか小熊氏も追い打ちをかけて長州の悪口に明け暮れる。

「埋葬禁止の話も議論のあるところで、野に捨てられていたやつもあったわけです。だた、そのことをもってわれわれが戊辰戦争にこだわっているわけではなく、そのあとの明治政府の会津、または東軍側に対する差別にも起因しているんです」

それなら関ヶ原の戦いの後の長州藩も、似た境遇に置かれたのはどうなるのか。戦に敗れた毛利輝元に対して、徳川家康は慶長5年（1600）10月10日、輝元と秀就父子の身の安全を保障するのと引き換えに、安芸、周防、長門、石見、出雲、備後、隠岐、伯耆・備中の旧領8カ国を没収し、わずかに周防と長門の2州に封じていた。しかも移封前に先取りしていた貢祖の返還も求められ、毛利家一門は深刻な経済危機に追い込まれ、家臣たちの家族にまで圧迫が加えられた。ただ、戦争に敗れるとは、そういうことだというのが常識であろう。にもかかわらず小熊氏は止まらない。

「会津ではかつて（山口県）萩市との友好を呼びかけられたときに『仲よくはするけど、仲直りはしない』という言葉を残して、お断りをしているんです。それは（戊辰戦争が）終わっていないという思いです」

反町氏が日韓問題のような被害者カードではないかと小熊氏に疑問を呈したが、亀井氏が「同じ民族なんだから、昔にこだわらずに仲よくやればいいんだよ」と妙なフィクサーぶりを発揮してコマーシャルに入り、一段落した。

視聴者からのメールに答える終盤のコーナーでは、関ヶ原の戦いの復讐として薩摩と長州が仕かけたのが戊辰戦争だったのではないかという質問が来た。小熊氏は満面の笑顔で「しなくてよかった戦争」と繰り返す。そこで反町氏がまたもや振って来た。筆者は「明治維新は270年前の毛利家の回復です」と述べて、説明を続けた。

「毛利家はもともと桓武天皇の血を引いた豪族です。一方の徳川家のルーツは徳阿弥。南朝側の流れ者の徳阿弥が家康の8代前です。それがたった1回の関ヶ原の戦いで勝利しただけで、徳川一強体制の身分制度をつくった。ですから下に置かれた毛利家の回復が明治維新だったと考えるのです」

結局、答も出ぬまま番組はグダグダで幕を閉じた。そして終了後、筆者と会津・徳川派の出演者同士で殴り合いのケンカが始まったのではないかと危惧する、インターネット上の書き込みを目にした。結論から言えば、殴り合いにはならなかった。

この番組では散々な目にあったが、一方で今の山口県がそういう歴史を重視しているのかといえば、まったく逆である。そういえば安倍晋三首相の遠縁になる長門市の小島洋二さん（昭和15年生まれ）も、山口県で昔の家系をいうと反感を買うと話されていた。安倍晋三氏の父・晋太郎を幼少時に育てた小島さんの祖母・ミヨは阿川毛利家の家老・繁澤家の娘だが、嫌がらせを受けるので秘密にしていたそうである。保守県と評される山口県だが、実態は郷土史さえ成り立たないほどに、伝統や歴史文化が衰弱している。

実際、平成28年3月に刊行された『山口県史　通史編　近代』の第四章第七節「招魂社の設立と運営」にも、最初の招魂場が下関の「桜山招魂場」というだけの大雑把な記述しかなく、靖国神社につながる青山清の名はまったく出てこない。それは歴史の隠蔽ではないかと県史編さん室に抗議したからか、令和元年12月に発行された『山口県史　通史編　幕末維新』の「第一九章幕末維新期の戦争と招魂祭祀」にはわずか1カ所だけ「青山上総」が登場していた。しかし乱暴な記述と不正確な内容は相変わらずで、巻末の人名索引からはなぜか青山の名が外されており、不完全な編集は変わっていない（『山口県史　通史編　幕末維新』の不正確さは、季刊『宗教問題』30号「維新の長州精神史」で詳述した）。

こうした山口県内の憂うべく状況がある一方で、県外に出たら出たで長州の分がすこぶる悪い「絶望しかない世」になったわけだ。これでは長州由来の靖国神社創建史がわからなくなるのも当然である。

満身創痍でテレビ収録翌日に参拝した靖国神社の桜が満開だったことだけが、せめてもの救いであったのを覚えている。

安倍首相の琴崎参拝と靖国

プライムニュース出演の前後、不思議なことに筆者の身の回りで、靖国神社関係の出来事がいくつか起きていた。例えば放送3日前の平成30年2月20日、『靖国の源流』の共同執筆者である青山隆生氏が、読売新聞大阪本社の夕刊の連載企画「維新の記憶」に「靖国神社初代宮司・青山清の遠縁」の立場で登場していた。また放送翌日の2月24日には、『毎日新聞』が「靖国宮司に小堀氏」と題して、定年前に辞任した徳川康久宮司に代わって3月1日から、元伊勢神宮禰宜の小堀邦夫氏が新たな宮司になることを報じていた。

個人的なことで恐縮だが、母がその年の春から体調を崩し、8月10日に宇部市の病院に3度目の入院をしていた。間質性肺炎という不治の病で、余命いくばくもないと医師から告げられて4

日が過ぎた8月14日、どういうわけか選挙区でもない宇部市の琴崎八幡宮に、わざわざ安倍晋三首相が参拝に来たのである。そのニュースが病室のテレビに流れた。

「安倍さんが琴崎八幡宮に来たんだってよ」

ベッドで深く呼吸していた母の耳元で伝えたが、あまり関心のない様子で「へぇー」とつぶやき、目をつぶったままだった。母が亡くなったのは、4日後の8月18日深夜である。ところが命日となったその日に、『日刊ゲンダイ』が「首相が参拝　琴崎八幡宮の意外な歴史」と題し、「実は靖国神社と深い関係がある」として以下の記事を書いたのである。

後の靖国神社初代宮司となる青山清は琴崎八幡宮で1864年の禁門の変の犠牲者を祭り、これが「招魂祭」の起源となった。長州藩が招魂祭を東京でも行うため、大村益次郎が東京招魂社を建立し、これが後に東京招魂社と改称されたという歴史を持つ。琴崎八幡宮のホームページには「当神社が靖国神社の源流となった神社であり、維新の歴史に深く関係する神社でもある」という記載もある。

この記事に関して、インターネット上ではさまざまな感想の書き込みが見られた。

「安倍首相が〝辻褄合わせ〟で参拝した琴崎八幡宮の意外な歴史！」

「安倍首相、終戦記念日の前日、靖国神社の源流となった琴崎八幡宮を参拝したことが判明」

琴崎八幡宮を参拝する安倍晋三首相（琴崎八幡宮提供）

「巷の憶測の一つは、安倍首相は、靖国神社に参拝できない代わりに、靖国のルーツである琴崎八幡宮を参拝したというものだった」

山口県の片田舎の神社が全国に紹介されるのは悪いことではないし、初代宮司・青山清の子孫のひとりとしても、多くの人に関心を持ってもらえることはありがたいことであった。だが果たして安倍首相は、そこまで考えて参拝したのだろうかという気もした。靖国神社のルーツめぐりなら、青山大宮司家の萩の椿八幡宮にも参拝したであろうし、近くの宇部護国神社（旧維新招魂社）にも立ち寄っていたはずである。

振り返れば幕末期、安倍首相の祖先にも、青山清と同じく、幕府を支える身分制度を解体するために一肌脱いだ逸材がいた。長州藩士の佐藤寛作（信寛）だ。本書の第2章の「国学的身分解放」（110ページ）で紹介した烈婦・登波の身分解放のため、国学者の近藤芳樹とともに奔走した異色の役人である。

萩藩士の佐藤家は7代まで山口市大内御堀に住んでおり、佐藤家の古い墓も御堀長谷に残されている。田布施《たぶせ》に移ったのは8代の佐藤暢孝からで、9代の佐藤信立を経て、佐藤寛作は10代目になる。山口県文書館には佐藤家の古文書類「佐藤寛作手控」（※2）が、曽孫である元総理大臣・佐藤栄作の名で寄贈されている。

佐藤寛作は吉田松陰に『兵要録』を授けた長州藩の軍学教授であり、慶応2年（1866）6月に起きた四境戦争の勝利で占領した豊前企救《きく》郡の代官を経て、廃藩置県とともに初代島根県令を歴任、明治9年には萩の変の首謀者・前原一誠を逮捕してもいた。生まれ故郷の熊毛郡麻郷村《おごうそん》の戎ケ下（田布施川が平生《ひらお》港に注ぎ込む川辺の地）に戻ったのは明治11年で、藩政期の郷校「成器堂《せいきどう》」（天保6年創設）に居を定めて詩作に興じ、明治33年2月に86歳で没するまで、その地で過ごしていた。

寛作は戎ケ下より3キロあまり北西に鎮座する八尋石《やひろいし》八幡宮の近くの山の中に葬られたが、現在は近くの田縫《たぬい》という、やはり山の中に佐藤家の墓地が造られており、向かって左から「佐藤栄作之墓」「佐藤本家墓」「墓誌」の順で並んでいる。その墓誌には田布施に移り住んでからの「三代」目として「正五位　佐藤信寛　幼名寛作　行年八十六歳」「明治三十三年二月十五日歿」と刻まれている。言うまでもなく「佐藤栄作之墓」があるのは寛作の曽孫だからだが、もうひとりの曽孫で岸家に養子入りした岸信介（佐藤栄作の兄）の墓は、1キロあまり東の岸信夫事務所（岸信介旧宅跡）に並んで建っている。実は岸信介の「信介」という名も佐藤家側の曽祖父・寛作につけてもらっていた（『私の履歴書　保守政権の担い手』）。

岸信夫氏が安倍晋三氏の実弟であるように、田布施に入ってからの佐藤家と岸家の血縁関係は今でも極めて色濃く、なかでも幕末維新期に活躍した佐藤寛作の存在は偉大であった。東京生まれの安倍首相が、岸信介をさらにさかのぼる自らの血の英傑譚をどこまで聞いているか知らないが、ともあれ筆者は母の死に際して、そんな長州藩の明治維新秘史に思いをめぐらせていたのである。

一方で政治家の参拝が絶えず話題になる靖国神社では、安倍首相の琴崎八幡宮参拝の2カ月前の6月20日、別の意味で大事件が起きていた。就任したばかりの小堀宮司が内部の会議で、以下のような不敬発言をしていたというのだ。

陛下が一生懸命、慰霊の旅をすればするほど靖国神社は遠ざかっていくんだよ。そう思わん？どこを慰霊の旅で訪れようが、そこには御霊はないだろう？　遺骨はあっても。違う？　そういうことを真剣に議論し、結論をもち、発表することが重要やと言ってるの。はっきり言えば、今上陛下は靖国神社を潰そうとしているんだよ。わかるか？

この発言は『週刊ポスト』10月12・19日号（10月1日発売）で「靖国神社トップ〈皇室批判〉

の波紋」と題して報じられた。このときの不敬発言は録音がインターネットで公開され、動かぬ証拠となった。10月10日に小堀氏が「辞意」の意向を示したと『朝日新聞』『読売新聞』『毎日新聞』『日本経済新聞』などが一斉に報じたのは、翌11日だった。

その後、『サンデー毎日』11月4日号が「〝不敬〟暴言でトップ辞任　激震靖国神社　ドロ沼騒動の核心」と題し、徳川宮司の辞任以来の一連の「舌禍」問題をあぶり出した。小堀氏の不敬発言の背景には、A級戦犯合祀が原因で、昭和50年11月21日に昭和天皇が親拝されたのを最後に、天皇陛下が靖国神社を訪れなくなったことへの焦りがあったという見立てがある。また小堀宮司辞任が早まった背景には、戦後の歴代靖国神社宮司の多くが旧皇族、旧華族出身だったのに対して、小堀氏はそういう出自でないながら、神社本庁が推す形で就任していた事情も影響していた。なかでも神社本庁総長・田中恆清《つねきよ》氏の「プッシュした人事だった」という関係者の証言は、これまで神社本庁に属さなかった靖国神社の独立性を考えるうえで重要な問題提起となった。

一方で小堀宮司の突然の辞任により、靖国神社では11月から第13代宮司として山口建史氏が就任した。いよいよ年が明ければ天皇の御代替わりになり、靖国神社も創建150年を迎えるタイミングである。タイムスケジュール的にいえば、平成31年4月末で平成が終わって、5月1日から令和が始まり、6月29日には靖国神社の前身である東京招魂社が明治2年に建立されてから150年目となる。ところがその栄えある局面を迎えた靖国神社で、またひと悶着が起きたのである。

『週刊新潮』の令和元年7月25日号が、「創建一五〇年〈靖国神社〉の神をも恐れぬ〈ハレンチ動画〉」と題し、靖国神社の近くのスナックで開かれた歓送迎会で、55歳の妻子持ちの祭儀課長（権禰宜）が同席の女性職員にセクハラをしたと報じたのだ。証拠となる動画もインターネット上で公開された。それで終わりではなく、10月16日には講談社のウェブ・マガジン『現代ビジネス』でジャーナリストの時任兼作氏が「靖国神社、激震おさまらぬ〈内紛状態〉の全内幕」と題し、祭儀課長のセクハラ記事などは「かわいいもの」と語ったうえで、「不倫大国で、役職付職員の『社内不倫』が横行しており、さらに誰もそれを正そうとしない」という靖国神社の「著しい綱紀の乱れ」を公表したのである。こうなると、もはや創建150年を祝うどころではない。

次々と明るみに出る不祥事の奥底から、神々の怒りの声が聞こえていた。

註

※1　平成28年10月13日付の『産経新聞』に掲載された「ご存知ですか？　靖国神社に祀られているのは官軍のみで、賊軍と称された方々が祀られていないことを……」と題した意見広告。呼びかけ人は、石原慎太郎氏、亀井静香氏、原口一博氏、森山裕氏、平沢勝栄氏、武田良太氏らで、いずれも山口県以外に選挙区を持つ国会議員や元国会議員たち。

※2　山口県地方史学会の手で翻刻整理され、昭和50年に『佐藤寛作手控』の書名で発行されている。

おわりに

季刊『宗教問題』での連載「維新の長州精神史」をまとめる形で、本書の編集作業に着手した矢先、今上天皇の「即位礼正殿の儀」が皇居の宮殿で行われた。令和元年10月22日のことで、NHKは午前8時から「即位礼特設ニュース」をテレビ放映した。たまたま外出中だったので、車載モニターテレビでその様子を時折見ていた。そして昼食をとるために車から降りたとき、日光の青山隆生氏から携帯電話に、突然連絡が入ってきた。青山氏は、天皇が即位宣言をされたときの八角形の高御座《たかみくら》と青山大宮司家の墓の形が、よく似ていると話し始めた。

「NHKで高御座と八角形の関係を、所功さんが解説していたのを見られましたか」

青山氏は皇学館大学の3年生だった昭和42年の1年間、伊勢青々塾で所氏と共同生活を送り、以来、親しい付き合いがあった。青山氏は続けた。

「所さんによると、『八』には特別な意味があったようなんですよ」

「車に乗っていたので、その部分は見逃しました」

「それならDVDに録画したのを送りましょう」

翌々日、拙宅に届いたDVDには、テレビ放映された所氏の解説が録画されていた。

高い御座と書いて高御座といいますけれども、天皇のお座りになる、お立ちになる場でございますが、（略）だいたい1300年くらい前から、こういうものができて、それがずっと受け継がれてまいりましたが、とりわけ大正4年、1915年の大正天皇ご即位礼の時にこれが立派に復元されたのですね。それが今回用いられておりますけれども、これは下に四角い段の上に八角形の屋形が乗っておりますけれども、これはやはり『八』という数に意味があるのだろうと思います。日本ではやはり八を最大の数と数えて全体を見渡す。四方八方という言い方もありますけれども、全体を見そなわす天皇、八隅知之《やすみしし》スメラミコトという言い方がありますけれども、そういうことを象徴するものであります……。

八角形は世界を意味していた。昔の言葉では八紘一宇の「八」である。こうした独特の意味を持つ高御座が1300年もの歴史を有していると所氏は説いたが、それは『続日本紀』の冒頭の文武天皇元年（697）8月の天皇の即位宣明の箇所に「天津日嗣高御座の業《あまつひつぎたかみくらのわざ》」と出てくるからであろう。八角形が天皇と結びつくのは、教科書的に言えば飛鳥時代からとされている。

ところで所氏の解説を聞くうちに、こうした八角形の思想が「人を神として祀る」吉田神道を経由し、幕末長州藩の招魂祭を主導した青山大宮司の墓所に輪郭を見せたのも、決して偶然ではないという気がしてきた。かつて日本浪曼派の保田與重郎も、「御一新時の神祇官思想は、その志はともあれ、結果的に見れば中世の吉田神道の系列に属してゐる。吉田神学は豊太閤を象徴とする国際宗教である」(『保田與重郎選集　第五巻』「にひなめ　と　としごひ」)と語った。青山氏も、そのことを言いたかったのだろう。

そもそも京都の吉田家を通じて「従五位下」以上の貴族位階をもらっていた青山大宮司家に生をうけ、幕末に徳川幕府を転覆させる戦いの中で招魂祭を手がけ、明治維新後に靖国神社の初代宮司になったのが青山清である。だが結果として彼は貴族に届かぬ「従七位」で一生を終え、大宮司家を継ぐはずの息子の青山春木も、明治6年末に若くして謎の死を遂げていた。戦死者用の招魂墓に収まったのも、普通の死ではなかったことを印象づける。以来「一家他国に転退してその後の事知られず」と『増補　近世防長人名辞典』が突き放したように、山口県側の青山大宮司家も郷土の歴史から消された。そして今なお山口県史からも無視が続いている。

この状況に抗う意も込めて、本書では既刊『靖国の源流』や『靖国誕生』との重複を極力避け、新資料発掘と新視点を重視し、歴史の闇に葬られた青山大宮司家が深く関わった靖国創建史を提示することに全力を注いだ。平成19年の最初の資料収集から数えれば、10年以上が経過した。中には故人となられた方もいるが、以下の縁故者たちからのご協力を得て本書ができた。

青山幹生様(広島県広島市)、青山隆生様(栃木県日光市)、塩見久浩様(山口県萩市)、山口佳代子様（東京都文京区）、飯島小夜様（東京都世田谷区）、小田絹江様（山口県美祢市）、桜江充子様（山口県宇部市）、堀豊様（同）、堀潔様（同）。

また資料の閲覧や調査には靖国神社、椿八幡宮、宮内庁三の丸尚蔵館、国立国会図書館、山口県文書館、山口県立図書館、山口県立博物館、萩博物館、萩市観光政策部文化財保護課、山口市歴史民俗資料館、宇部市立図書館、宇部市学びの森くすのきなどにお世話になった。そのすべてに紙面を借りてお礼を申し上げる。

振り返れば『宗教問題』10号（平成27年4月刊）で、同誌編集長・小川寛大氏からインタビュー取材を受けたことが契機となり、本書の骨格となる連載が始まった。その間、編集作業に奔走され、1冊の本にまとまるまで献身的に応援して下さった小川氏には、最初から最後までお世話になった。東京から筆者の住む山口県まで足を運ばれたのも再三で、宗教問題社からの単行本第1号となる光栄にも恵まれたが、そのぶん責任も大きくなった。忘れ去られた靖国神社創建秘史を、ひとりでも多くの人に知っていただければ、その責任も少し果たせるのだろう。

こうした名誉回復の機会を与えて下さった小川氏に、あらためてお礼を申し上げたい。

令和2年8月

堀　雅昭

主要参考文献

はじめに
徳冨蘇峰『吉田松陰』岩波書店　昭和63年（11刷）
河上肇『自叙伝　一』岩波書店　昭和46年（19刷）

第１章
萩市史編纂委員会編『萩市史　第一巻』萩市　昭和58年
山口県神社庁編『旧藩別神社明細帳』山口県神社庁　平成14年
堀雅昭『靖国の源流　初代宮司・青山清の軌跡』弦書房　平成22年
堀雅昭『靖国誕生　幕末動乱から生まれた招魂社』弦書房　平成26年
村田峯次郎編『萩古実未定之覚　全』明治24年
（『萩古実未定の覚』復刻版　マツノ書店　昭和48年）
広島大学大学院文学研究科附属内海文化研究施設編『内海文化研究紀要　第四〇号』広島大学大学院文学研究科附属内海文化研究施設　平成24年３月
甲田町誌編集委員会編『甲田町誌』甲田町教育委員会　昭和42年
三坂圭治『萩藩の財政と撫育制度』マツノ書店　平成11年（復刻版）
時山弥八『増補訂正　もりのしげり』大正５年
（赤間関書房　昭和44年復刻）
山本勉彌『萩碑文鐘銘集』萩文化協会　昭和28年
萩市郷土博物館編『萩城跡探訪のしおり』萩市観光協会　昭和35年
大田報助編『毛利十一代史　第七冊』マツノ書店　昭和63年
『山口県文化史　通史篇』守永喜男　昭和38年（増補版）
一坂太郎『高杉晋作の「革命日記」』朝日新聞社　平成22年
山口県文書館編『防長寺社由来　第六巻』山口県文書館　昭和60年
山口県文書館編『防長風土注進案　当島宰判』山口県立山口図書館　昭和39年
木梨恒充『八江萩名所図画』（一～六・付録）吉川半七　明治25年
山口県編『山口県史　史料編　幕末維新６』山口県　平成13年
山口県教育会編『山口県教育史』山口県教育会　昭和61年
『維新招魂社縁起』宇部市立図書館蔵
宇部市立図書館附設郷土資料館蔵『宇部村誌』宇部市立

図書館　昭和56年（宇部新川小学校郷土誌編纂委員によって大正3年にまとめられた『宇部村誌』を翻刻）
靖国神社編『靖国神社百年史　資料篇　下』靖國神社　昭和59年
紀藤閑之介『米寿紀藤閑之介翁』紀藤閑之介翁米寿祝賀記念会　昭和32年
徳富蘇峰編『公爵山県有朋伝　上』原書房　昭和55年（2刷）
須佐郷土史研究会編『温故　第二十五号』須佐郷土史研究会　平成25年
堀山久夫編『国司信濃親相伝』マツノ書店　平成7年（復刻版）
『福原家文書　中巻』渡辺翁記念文化協会　昭和63年
アーネスト・サトウ『一外交官の見た明治維新　下』岩波書店　昭和52年（22刷）
宇部市史編纂委員会編『宇部市史　通史編』宇部市史編纂委員会　昭和41年
木村幸比古編・訳『新選組戦場日記』ＰＨＰ研究所　平成10年
邨岡良弼編『如蘭社話　巻二十二』如蘭社事務所・青山清吉　明治24年
中村武生「（戦跡探訪）幕末期の霊明舎と長州毛利家」（軍事史学会編『軍事史学』第四七巻　第三号）
福本義亮『松下村塾の偉人　久坂玄瑞遺稿』誠文堂　昭和9年
福本義亮『吉田松陰之殉国教育』誠文堂　昭和8年
尚友倶楽部山県有朋関係文書編纂委員会編『山県有朋関係文書　2』山川出版社　平成18年
堀哲三郎編『高杉晋作全集　上巻』新人物往来社　昭和49年
梅原徹『松下村塾の明治維新』ミネルヴァ書房　平成11年
日本歴史学会編『明治維新人名辞典』吉川弘文館　昭和57年
『新修大津市史5　近代』大津市役所　昭和57年
葦津珍彦『国家神道とは何だったのか』神社新報社　昭和62年
『福澤諭吉全集　第八巻』岩波書店　昭和35年
辻善之助『日本仏教史　第九巻』岩波書店　平成4年
羽根田文明『維新前後仏教遭難史論』国光社出版部　大正14年
鈴木一夫『水戸黄門の世界』河出書房新社　平成7年
『山口県神道史研究　第一三号』山口県神道史研究会　平成13年
松島弘編『津和野町史　第四巻』津和野町教育委員会　平成17年

靖国神社編『靖国神社百年史　事歴年表』靖国神社　昭和62年
山口市編『山口市史　史料編　近世2』山口市　平成25年
『常栄寺史料』香山常栄寺　昭和53年
佐々木克監修『大久保利通』講談社　平成16年
下関市教育委員会編『白石家文書』下関市教育委員会　昭和43年
谷本富『楠公と新教育』六盟館　明治43年
森田康之助『湊川神社史・中巻　景仰篇』湊川神社社務所　昭和53年
田中喜市『贈正四位福原越後公伝』大正5年
市島謙吉編『伴信友全集　第四』明治40年
竹内照夫『新釈漢文大系27　礼記　上』明治書院　昭和46年
尾崎三良『尾崎三良自叙略伝　上』中公文庫　昭和55年
中原邦平『忠正公勤王事績』防長史談会　明治44年
『福原家文書　下巻』渡辺翁記念文化協会　平成7年
武藤直治講述『真木和泉守と日本精神』尊攘堂講演速記第二号　尊攘堂事務所　昭和11年
吉松慶久『秋穂二島史』山口市立二島公民館　昭和44年
浅原義雄編『護国の柱・朝日の宮』朝日山護国神社　昭和46年（初版は昭和37年）

福本義亮『松下村塾の偉人　久坂玄瑞遺稿』誠文堂　昭和9年
小松緑編『伊藤公直話』千倉書房　昭和11年
田中彰『定本　奇兵隊日記　上』マツノ書店　平成10年
堀哲三郎編『高杉晋作全集　下巻』新人物往来社　昭和49年
山田亀之介『宇部郷土史話』宇部郷土文化会　昭和30年
小郡町史編集委員会編『林勇蔵日記』山口県小郡町　平成15年
井関九郎『現代防長人物史　天』発展社　大正6年
渡辺翁記念文化協会編『復刻　宇部先輩列伝』宇部地方史研究会　平成3年
木梨恒充『八江萩名所図画』（一～六・付録）吉川半七　明治25年
宮本常一『ダムに沈んだ村の民具と生活』八坂書房　平成23年

第2章

山口県編『山口県史　史料編　近世1上』山口県　平成11年
萩市史編纂委員会編『萩市史　第三巻』萩市　昭和62年
末松謙澄『防長回天史　四』マツノ書店　平成3年
『神道及び神道史』第一〇号　國學院大學神道史学会

有馬祐政編『勤王文庫　第三編』大日本明道会　昭和44年
『毛利家乗　十五』毛利家乗巻之四十四　昭和2年（10版）
（長府毛利編『復刻毛利家乗』防長史料出版社　昭和50年）
中井晶夫・斎藤信訳『シーボルト「日本」第2巻』雄松堂書店　昭和53年
長府史編纂会編『長門長府史料　全』長府史編纂会　明治42年
近藤清石『山口県風土誌　九』歴史図書社　昭和48年
谷省吾・惠良宏（復刻解説）『櫻山の歌集』桜山神社　平成20年
木戸孝允関係文書研究会編『木戸孝允関係文書　第二巻』東京大学出版会　平成19年
山口県神道史研究会編『山口県神道史研究　第四号』山口県神道史研究会
美和町編『美和町史』美和町　昭和60年
布引敏雄『長州藩部落解放史研究』三一書房　昭和56年（2刷）
三田村鳶魚『三田村鳶魚全集　第十五巻』中央公論社　昭和51年
山口県教育会編『吉田松陰全集　第十一巻』岩波書店　昭和15年
田中彰『松陰と女囚と明治維新』日本放送出版協会　平成3年
『日本思想大系26　三河物語　葉隠』岩波書店　昭和54年（5刷）
『岩波仏教辞典　第二版』岩波書店　平成14年（第2版第1刷）
中村孝也『徳川家康公伝』東照宮社務所　昭和40年
村岡素一郎『史疑　徳川家康事蹟』（『明治文学全集77　明治史論集』筑摩書房　昭和52年　3刷）
周布公平監修『周布政之助伝　上巻』東京大学出版会　昭和52年
香川政一『英雲公と防府』防長倶楽部　昭和11年
広島大学大学院文学研究科附属内海文化研究施設編『内海文化研究紀要　第三八号』広島大学大学院文学研究科附属内海文化研究施設　平成22年
広島大学大学院文学研究科附属内海文化研究施設編『内海文化研究紀要　第三九号』広島大学大学院文学研究科附属内海文化研究施設　平成23年
『防長志要』山口県　明治40年
神道大系編纂会編『神道大系　論説編八　卜部神道　上』神道大系編纂会　昭和60年
『国民精神文化類輯　第十三輯　中世日本の国民思想』国民精神文化研究所　昭和11年

『仏教と民俗5』仏教民俗学会（大正大学内）　昭和34年
マンフレート・ルルカー『聖書象徴事典』　人文書院　昭和63年
香山壽夫・香山玲子『イタリアの初期キリスト教聖堂』　丸善　平成11年
神道大系編纂会編『神道大系　論説編九　卜部神道　下』　神道大系編纂会　平成３年
徳橋達典『吉川神道思想の研究』ぺりかん社　平成25年

第３章

田中修二『近代日本最初の彫刻家』吉川弘文館　平成６年
村田峯次郎『大邨益次郎先生伝』稲垣常三郎　明治25年
造幣局あゆみ編集委員会編『造幣局のあゆみ　改訂版』　造幣局　平成22年
村田峰次郎『大村益次郎先生事蹟』大正８年
靖国神社編『靖国神社誌』靖国神社　明治44年
石川卓美・田中彰編『奇兵隊反乱史料　脱隊暴動一件紀事材料』マツノ書店　昭和56年
大村益次郎先生伝記刊行会編『大村益次郎』　肇書房　昭和19年
日本史籍協会編『木戸孝允日記　一』マツノ書店　平成８年
山口県『山口県史　史料編　幕末維新7』山口県　平成26年
瀧川政次郎『日本行刑史』青蛙房　昭和36年（新装版　平成28年）
『増訂　武江年表2』平凡社　昭和43年
浅井勇助『近世錦絵世相史　第三巻』平凡社　昭和10年
日本乗馬協会編『日本馬術史　第三巻』大日本騎道会　昭和15年
石井良助編『太政官日誌　第五巻』東京堂出版　平成2年（再版）
平田篤胤全集刊行会編『新修　平田篤胤全集　別巻』　名著出版　昭和56年
靖国神社編『靖国神社百年史　資料篇　上』靖國神社　昭和58年
石井研堂『増補改訂　明治事物起源　上巻』春陽堂　昭和19年
石井研堂『増補改訂　明治事物起源　下巻』春陽堂　昭和19年
記念図書編さん委員会編『萩の百年』萩市役所　昭和43年
『工学院大学研究報告　第三九号』工学院大学　昭和51年
靖国神社編『靖国神社百年史　資料篇　中』靖國神社

昭和58年
宮内庁『明治天皇紀　第三』吉川弘文館　昭和44年
山崎有信『幕末血涙史』日本書院　昭和3年
『フランス士官が見た近代日本のあけぼの』
アイアールディー企画　平成17年
下関市教育委員会編『白石家文書・補遺』
下関市教育委員会　平成元年
乃木神社社務所編『乃木希典全集　上』国書刊行会
平成6年
隈元謙次郎『明治初期来朝　伊太利亜美術家の研究』
三省堂　昭和15年
吉田祥朔『増補　近世防長人名辞典』（復刻版）
マツノ書店　昭和51年
徳山市史編纂委員会編『徳山市史史料　下』徳山市役所
昭和43年
『新釈漢文大系第三〇巻　春秋左氏伝』明治書院
昭和49年（4刷）
隈元謙次郎『近代日本美術の研究』
東京国立文化財研究所　昭和39年
正岡子規『病牀六尺』岩波書店　昭和59年（26刷）
松原真『自由民権運動と戯作者』和泉書院　平成25年
吉原康和『靖国神社と幕末維新の祭神たち』吉川弘文館
平成26年

堀雅昭『井上馨　開明的ナショナリズム』弦書房
平成25年

付録

田中光顕『維新風雲回顧録』大日本雄弁会講談社
昭和3年
田中清玄『田中清玄自伝』文芸春秋　平成5年（3刷）
中野雅夫『革命は藝術なり　徳川義親の生涯』
學藝書林　昭和52年
岸信介・河野一郎・福田赳夫・後藤田正晴・田中角栄・
中曽根康弘『私の履歴書　保守政権の担い手』
日本経済新聞出版社　平成19年

年	月	できごと
明治７年（1874）	10月	妻の増子が死去
明治10年（1877）	１月	（東京）招魂社雇となる、月給40円
	12月	白石正一郎の赤間宮（旧・阿弥陀寺）宮司就任祝いで帰郷
明治11年（1878）	10月	乃木希典の父の一年祭を依頼される
明治12年（1879）	６月	東京招魂社が別格官幣社となり靖国神社に改称、初代宮司就任
明治14年（1881）	１月	母の青山千世の85歳の祝賀で讃を書き、滋野清彦が肖像画を軸に描く
明治15年（1882）	１月	教導職廃止につき権少教正を辞める
	２月	山口県で娘のツルに長女（または次女）ヒサが誕生
	９月	母の千世が死去
明治16年（1883）	７月	正八位に叙される
明治17年（1884）	11月	父の長宗の「霊璽」（軸）を書く
明治20年（1887）	３月	陸軍省より毎月増俸35円
	12月	靖国神社の青銅製大鳥居建立式で祝辞を読む
明治21年（1888）	５月	靖国神社に福原越後ら「旧山口藩士」601人の大量合祀を行う
明治22年（1889）	５月	靖国神社に天狗党を中心とする旧水戸藩幕末殉難者を初めて合祀
明治24年（1891）	２月	在職中に死去（従七位）、遺族へ祭祀料200円下賜

年	月	できごと
慶応３年（1867）	11月	完成した「錦の御旗」に祝詞をあげる
明治元年（1868）	２月	長府藩の仲哀天皇山陵の修理に着手
	５月	「阿弥陀寺御ふしん」のために頻繁に下関に入る
	６月	娘のツルが結婚
	７月	小野為八と連名で木戸孝允へ、赤間宮に鳥居と大手木柵が完成したと書簡で伝える
	８月	仲哀天皇山陵の修理が完了、検査を命じられる
明治２年（1869）	１月	桜山招魂場の招魂碑作成のため白石正一郎邸に滞在
	３月	桜山招魂社の招魂祭を斎行
	11月	吉敷郡鋳銭司村で大村益次郎の神葬祭を行う
明治４年（1871）	８月	兵部省十一等出仕、（東京）招魂社祭事掛となる
	10月	（東京）招魂社御用掛となる
明治５年（1872）	１月	（東京）招魂社祭事掛となる
	２月	東京招魂社の本殿が竣工し棟上式で祭典掛を務める
	３月	官制改正により陸軍省十一等出仕となる
	５月	東京招魂社で遷宮式が行われ祭典掛を務める
明治６年（1873）	６月	息子の春木が椿八幡宮の「社掌」に格下げ
	12月	息子の春木が死去
明治７年（1874）	１月	明治天皇の初行幸（東京招魂社御親拝）で奉仕
	７月	陸軍省十等出仕

年	月	できごと
文久３年（1863）	７月	天野小太郎、三戸詮蔵、左甲但馬、世良孫槌たちと「神祇道建白書」を藩に提出し京都に向かう
	８月	諸隊に入隊
	10月	八幡隊の書記になる
	11月	三田尻におもむき奇兵隊を訪ねる
	12月	山口明倫館内に編輯局が設置され世良孫槌とともに出勤
		山口明倫館に『大八州廼調』を提出
	不明	山口国内古墳調査方になる
元治元年（1864）	１月	世良孫槌と山口明倫館内編輯局に出勤、同館の国風化に取りかかる
	５月	藩主・毛利敬親臨席のもと山口明倫館で楠公祭斎行
		錦小路神社（安加都麻神社）建立のため祝詞をあげ社殿造営始まる
	不明	明倫館助教授となる
慶応元年（1865）	５月	福原越後の神霊を宇部の琴崎八幡宮に合祀（招魂祭）
	８月	下関の桜山招魂社が完成、招魂祭を斎行
	10月	桜山招魂社に吉田松陰の神霊を合祀
慶応２年（1866）	４月	桜山招魂社での招魂祭のため下関に滞在
	７月	奇兵隊蔵版『さくら山の哥集』に和歌を発表
慶応３年（1867）	２月	西市および阿弥陀寺の安徳天皇御陵の調査を行う
	３月	白石正一郎の始祖を祀る。「山稜の図」（安徳天皇陵の図面）を白石に見せる
	５月	鋭武隊を退役

青山清（上総介）関係略年譜

年	月	できごと
文化12年（1815）	5月	青山上総介、長州萩の椿八幡宮・青山大宮司家に誕生
文政4年（1821）	8月	椿八幡宮の石鳥居が建つ
天保12年（1841）	10月	父の青山長宗没
天保13年（1842）	1月	近藤芳樹宅を訪れ年始の歌会を行う
天保15年（1844）	5月	近藤芳樹が青山大宮司家を訪ね日暮れまで歓談
弘化3年（1846）	5月	平野神社の再興に着手
弘化4年（1847）	5月	娘の青山ツルが誕生
嘉永4年（1851）	3月	息子の青山春木が誕生
		『類題玉石集』に歌を発表
安政2年（1855）	6月	萩の姥倉運河開通により船上で航行安全祈願祭を行う
文久元年（1861）	4月	高杉晋作が『国基』を借りにくる
	5月	萩明倫館編輯局で「大八洲の調査」に乗り出す
文久2年（1862）	3月	『萩城六々哥集』に「水辺鴬」を発表
	10月	久坂玄瑞主催の吉田松陰慰霊祭を京都蹴上で斎行
文久3年（1863）	6月	萩城の祖霊社（仰徳神社）を椿八幡宮に仮遷座
	7月	吉田栄太郎に年麿（稔麿）の名前を与える

堀　雅昭（ほり・まさあき）

昭和 37 年、山口県生まれ。山口大学理学部卒業。放送大学および山口大学非常勤講師歴任。著書に『靖国の源流』『靖国誕生』『井上馨』『鮎川義介』『寺内正毅と近代陸軍』（いずれも弦書房）など。山口県宇部市在住。

※本書は季刊雑誌『宗教問題』（合同会社宗教問題刊）の11号（平成27年夏季号）から30号（令和2年春季号）にかけて連載された「維新の長州精神史」の内容に加筆修正し、再編集したものです。

靖国神社とは何だったのか

令和 2 年 8 月 12 日　第 1 刷発行

著　者　堀　雅昭
発行者　小川寛大
D T P　松崎琢也
発行所　合同会社宗教問題
〒 134-0084
東京都江戸川区東葛西 5-13-1-713
TEL：03（3869）4770　FAX：03（6685）2612
印刷所　株式会社シナノパブリッシングプレス

ISBN978-4-910357-00-3